De Olho na Corrupção

DE OLHO NA

CORRUPÇÃO

Textos de

Ivan Jaf *escritor*

Rita Biason *cientista política*

Ilustrações de

Angelo Abu

editora ática

De Olho na Corrupção

Gerente editorial Claudia Morales

Editora Anna Angotti

Editoras assistentes Maria Viana, Lorena Vicini e Lavínia Fávero

Redação das notas e preparação de texto Maria Viana

Coordenadora de revisão Ivany Picasso Batista

Revisoras Carla Bitelli da Cunha, Alessandra Miranda de Sá e Luciana Soares

Estagiárias Carla Bitelli da Cunha e Thaíse Costa Macêdo

Arte

Projeto gráfico Victor Burton

Editor Vinicius Rossignol Felipe

Diagramador Claudemir Camargo

Editoração Iris Polachini

Pesquisa iconográfica Sílvio Kligin (coord.) e Josiane Camacho Laurentino

A Editora Ática agradece a consultoria de Giovanni Alves, professor livre-docente de Sociologia da Universidade Estadual Paulista Júlio de Mesquita Filho (Unesp).

CIP-BRASIL. CATALOGAÇÃO NA FONTE
SINDICATO NACIONAL DOS EDITORES DE LIVROS, RJ.

J22d

Jaf, Ivan, 1957-
De olho na corrupção / textos de Ivan Jaf, Rita Biason ; ilustrações de Angelo Abu. - São Paulo : Ática, 2010.
112p. : il. -(col. Jovem Cidadão)

Suplemento de atividades
ISBN 978-85-08-12846-4

1. Corrupção - Literatura infantojuvenil. 2. Ética - Literatura infantojuvenil. I. Biason, Rita. 2. Abu, Angelo, 1974-. III. Título. IV. Série.

10-0250. CDD: 028.5
CDU: 087.5

ISBN 978 85 08 12846-4 (aluno)
Código da obra CL 736487
CAE: 251053

2017
1ª edição
6ª impressão
Impressão e acabamento: Bercrom Gráfica e Editora

Avenida das Nações Unidas, 7221
Pinheiros – São Paulo – SP – CEP 05425-902
Atendimento ao cliente: (0xx11) 4003-3061
atendimento@aticascipione.com.br
www.aticascipione.com.br

Sumário

CAPÍTULO 1

O nabo dançarino

Mila colocou o nabo no prato e ficou olhando para ele uns dois minutos enquanto, à sua volta, o pai, a mãe e o irmão devoravam uma rabada com agrião e batata de deixar qualquer caminhoneiro constrangido.

Romeu, o pai, era vereador, e naquela semana estava mais agitado do que o comum: começara a campanha oficial para a eleição de deputado estadual. Ele e o filho, Frédi, **assessor parlamentar** de outro vereador, discutiam sobre as verbas para a campanha.

– Falei com o Claudionor hoje, pai. Ele pode dar uns cem mil reais.

– Ótimo. Ótimo.

– Vamos ter que conseguir renovar a **concessão** da construção da mureta central da avenida Brasil pra empreiteira dele.

– Não tem problema. O secretário de Obras está me devendo uns favores. Diz pro Claudionor que não vai precisar nem entrar em licitação. A gente diz que é **obra de emergência**.

– Sem **licitação** podemos arrancar mais dinheiro dele.

– É justo. Mas vê se não fala essas coisas pelo telefone. Muito menos pelo celular. Só pessoalmente.

– Deixa comigo.

– E tenta fazer ele pagar em dinheiro vivo, Frédi. Não quero verba de campanha passando pelas minhas contas. Nem pela sua.

– Ele sugeriu pagar em dólar ou euro, direto do **caixa dois** da empreiteira dele.

As autoridades do poder Legislativo, como vereadores e deputados, contam com o apoio de uma assessoria parlamentar, que tem como função auxiliá-los no dia a dia. Uma das tarefas do **assessor parlamentar** é acompanhar a tramitação dos projetos de lei, ou seja, verificar se todas as etapas de aprovação de uma lei estão sendo cumpridas.

Para definir o fornecedor que será responsável pela execução de uma obra pública, é realizada uma **licitação**. Por meio dela, as empresas apresentam propostas de orçamento que são avaliadas por um setor específico. Nessa fase, são consideradas questões como a qualidade do trabalho a ser realizado e o preço do serviço. Após a aprovação da proposta mais vantajosa, a empresa escolhida recebe uma **concessão**, que lhe dá o direito de executar o serviço.

Obra de emergência é aquela cuja realização é aprovada sem processo de licitação, em função de seu caráter emergencial.

Caixa dois é o termo usado para dizer que determinada quantia de dinheiro está sendo desviada, ou seja, não está sendo contabilizada e muito menos declarada aos órgãos de fiscalização responsáveis.

Os papéis e os brindes distribuídos por políticos em época de eleição com o nome e o número de candidatura deles são chamados **santinhos**. Esse material é feito com o intuito de divulgar a imagem do candidato. O grande problema da distribuição indiscriminada de propaganda eleitoral é a sujeira deixada pelas calçadas, como mostra a foto acima, tirada da rua Brigadeiro Galvão, em São Paulo, durante a campanha eleitoral de outubro de 2008.

Nota fiscal é o comprovante obrigatório emitido pelas empresas no ato da venda de seus produtos ou prestação de serviços. Nela são especificados os produtos vendidos, a quantidade, o valor unitário e o total da compra. A nota fiscal é um documento importante que pode ser usado pelo consumidor para reivindicar seus direitos e é uma forma de os órgãos públicos controlarem o pagamento dos impostos devidos pelos donos do estabelecimento. Por isso, todo consumidor deve exigir a nota fiscal.

– Beleza. O sujeito que vai fazer as camisetas e os **santinhos** já falou que aceita dólar, se eu não pedir **nota fiscal**.

– O cara do aluguel das vans também prefere moeda estrangeira.

– Maravilha. Tenta arrancar cem mil dólares do Claudionor, em vez de cem mil reais. Vou conseguir pra ele mais quatro anos de mureta da avenida Brasil, caramba.

Mila partiu o nabo em quatro, e ele se abriu no prato como uma flor. Ela pousou os talheres e continuou olhando-o. Nabos eram objetos absurdos.

– Há quantos anos esse Claudionor faz a manutenção da mureta da avenida Brasil? – perguntou a mãe de Mila, Isabel.

– Uns quinze.

– Mas ela tem só um metro de altura, amor. É de concreto puro. Precisa de manutenção durante quinze anos?

– Um metro de altura, mas cinquenta e oito quilômetros de extensão, querida.

– Mesmo assim.

– Já reparou que ela tá sempre em obra? A empreiteira do Claudionor tem um contrato de manutenção. O fiscal de obras do governo ganha uma comissão por fora de 10% sobre o orçamento dos reparos para dizer que ela precisa de conserto. O chefe dos fiscais recebe 15% pra concordar. Outros 15% vão pra mão da pessoa que consegue que a mureta fique na empreiteira do Claudionor, como eu estou fazendo.

– É um esquema simples – Frédi elogiou.

– São cinquenta e oito quilômetros – o pai fez um movimento horizontal com uma batata espetada no garfo. – O Claudionor começa a obra de manutenção numa extremidade da mureta e leva uns dois anos pra chegar na outra. Quando termina, volta e começa tudo de novo. Por isso não acaba nunca.

– Você podia arrumar uma mureta dessa pro Frédi quando for deputado, querido. É uma segurança pro futuro.

Mila voltou a pegar os talheres, partiu cada uma das quatro partes do nabo em finas fatias e as espalhou pelo prato. Ficou bonito. Seria uma pena espetar uma e engolir. Não valia nem o trabalho de vomitar depois. Tornou a pousar o garfo e a faca.

– Vamos fazer um caixa dois em dólar com a verba da campanha – o pai continuava a estratégia da campanha eleitoral. – Pagamos os fornecedores diretamente com o dinheiro que entrar, assim, se um infeliz lá do **Ministério Público** cismar de encher o saco, não vai poder rastrear a grana.

– Vamos tentar não gastar tudo, amor.

– O que não der pra fazer sem nota fiscal a gente **superfatura**, mãe, e vai separando a diferença e colocando na poupança da Mila, como da outra vez.

– Cuidado para não dar bandeira, filho – Romeu ponderou. – O contador disse que se a poupança da menina ultrapassar os trezentos mil ele vai ter de declarar no imposto de renda, e aí pode sujar.

As fatias de nabo começaram a girar. Um movimento gracioso, concêntrico, hipnótico, como se acompanhassem uma música suave que vinha de alguma outra dimensão do espaço e do tempo. Mila balançou a cabeça, acompanhando o ritmo da música e do nabo, até fechar os olhos e cair de cara no prato.

***

O **Ministério Público** é um órgão autônomo, que não pertence a nenhum dos três poderes (Legislativo, Executivo e Judiciário). Sua principal função é defender o cumprimento da lei, zelando pela sociedade como um todo. Os funcionários do Ministério Público são os responsáveis pela fiscalização do cumprimento do Estatuto da Criança e do Adolescente, por exemplo.

Durante a prestação de um serviço ou realização de uma compra, pode haver a prática ilegal chamada **superfaturamento**, que consiste em emitir um valor muito acima do verdadeiro na nota fiscal. A diferença entre o preço real e o superfaturado pode ter destinos variados, inclusive contas pessoais.

Capítulo 2

Está grávida?

Ela não havia comido nada o dia todo, e mesmo assim forçara o vômito seis vezes.

O impacto quebrou o prato. Um caco de louça feriu-lhe a testa, e o nariz começou a sangrar.

O irmão a pegou no colo e deitou-a no sofá. Levou um susto. A irmã estava leve demais. Ele podia sentir seus ossos. Era como carregar um esqueleto.

A mãe limpou fatias de nabo grudadas no rosto da filha, enquanto tentava reanimá-la com palavras de carinho.

Romeu recolheu os cacos, jogou no lixo e sentou para continuar comendo a rabada, resmungando:

– Ela precisa parar com essas dietas malucas. Já está um varapau.

– A respiração está muito lenta – Isabel preocupou-se. – Acho melhor chamar um médico.

– O que ela precisa é bater um prato dessa rabada. Traz ela aqui.

– Quero ir pro meu quarto – Mila disse, entreabrindo os olhos.

A hipótese de a forçarem a comer uma rabada a apavorou.

Frédi tornou a carregá-la no colo, e a sentir que faltava algo no corpo da irmã. Parecia sem vida. Etéreo. Contrariando a lei da gravidade. Antes de chegar ao quarto, ainda em seus braços, Mila desmaiou novamente.

Chamaram um médico. O clínico geral e um enfermeiro chegaram numa unidade móvel do plano de saúde. Ela já havia acordado. Sentia-se muito fraca, não seria capaz de ficar de pé. Tomou um comprimido para subir a pressão e reanimou-se.

A mãe explicou que Mila vinha fazendo uma dieta rigorosa havia quase um ano. Suspendera o café da manhã. Algumas verduras no almoço, às vezes um filé de frango bem fino. No jantar uma fruta, ou um legume cozido. Isabel não achava nada de mais, ela mesma vivia fazendo dietas para controlar o peso. A maioria das amigas da filha fazia. Talvez Mila estivesse exagerando, só isso.

O médico fez as perguntas de sempre. Idade: 16 anos. Doenças crônicas: nenhuma. Remédios: nenhum.

– Quer dizer, abuso um pouco dos laxantes – Mila confessou.

– Abusa, quanto?

– Tomo laxante umas três vezes por semana. Faz parte da dieta para emagrecer.

– A menstruação está regular?

– Não... tem uns três meses que ela não vem.

– Você está grávida? – Isabel quase gritou.

– Não é nada disso – o médico a acalmou.

A **propina** é um pagamento feito a uma pessoa para se conseguir dela algum tipo de favor político ou fiscal. Nessa ação, também chamada de suborno, tanto quem paga quanto quem recebe o dinheiro está agindo de maneira ilegal. Quando a iniciativa do suborno parte do recebedor, o crime pode ser classificado como extorsão.

A **anorexia** e a **bulimia** são dois exemplos dos chamados transtornos alimentares – doenças psíquicas que devem ser tratadas com acompanhamento médico, nutricional e terapêutico. A pessoa com anorexia vai reduzindo gradativamente a ingestão de alimentos, chegando muitas vezes ao jejum completo. A bulimia ocorre quando se eliminam os alimentos ingeridos forçando o vômito ou com a ajuda de laxantes e diuréticos. Nem sempre se percebe que uma pessoa sofre de bulimia, pois, diferentemente de quem tem anorexia, esse paciente costuma ter um peso considerado normal. As duas doenças, que podem se manifestar juntas, têm como sintoma a extrema preocupação com o peso e estão diretamente ligadas à baixa autoestima da pessoa, sempre insatisfeita com o próprio corpo.

Ele então começou os exames clínicos. Mediu, pesou, verificou a pressão arterial novamente, olhou os dentes e a garganta.

– Você tem vomitado com frequência?

– É...

– Quantas vezes por dia?

– ELA TÁ GRÁVIDA?! – a mãe insistiu.

– A senhora se incomoda de nos deixar a sós?

Isabel voltou para a sala e desabou no sofá, ao lado do marido, que assistia com o filho a um noticiário na tevê.

– O que o médico disse? – Frédi perguntou.

– Tá examinando e fazendo perguntas. Me mandou sair do quarto.

– Pra que fazer dieta? Ela já é magra. Essa mania de imitar as modelos – Romeu balançou a cabeça. – Quem disse que os homens gostam? A gente prefere as mais encorpadas.

Ele beliscou a mulher.

– Tá me chamando de gorda, é? Olha que vou cobrar aquela lipoaspiração que você prometeu.

– Deixa passar a eleição que a gente paga com a sobra de campanha.

Distraíram-se assistindo a um vereador amigo de Romeu dando uma entrevista sobre um escândalo administrativo.

– Eu sabia que o caso ia feder – Romeu comentou. – O cara cresceu o olho, quis mais de 10%, armaram pra cima dele. Tem de aceitar o que foi combinado. Nesse negócio de **propina** o sujeito precisa ser honesto.

O médico apareceu na sala. A mãe deu um pulo do sofá.

– Eu queria a atenção de vocês.

Romeu desligou a tevê.

– Pode falar, doutor. O que é que ela tem? – Isabel apertava as mãos suadas.

– Como vocês a deixaram chegar nesse ponto?

– Como assim? – ela se espantou.

– A menina está num grau avançado de **anorexia** e **bulimia**. Precisamos interná-la imediatamente, para administração de soro e monitoramento cardíaco. O coração dela pode parar a qualquer momento.

– O senhor está louco! – Romeu não estava acostumado a receber ordens.

– Há quanto tempo não prestam atenção a ela? – o médico ficou bravo. – Ela está com um metro e sessenta e pesa 38 quilos! Já não menstrua mais! Perdeu a maior parte do esmalte dos dentes por causa dos ácidos estomacais, de tanto vomitar! Vocês sabiam que ela está vomitando quase dez vezes por dia?

Isabel colocou a mão na boca para conter um grito.

– Mas por que diabo ela vomita tanto? – Romeu começou a assustar-se.

– Bulimia. Tudo que ela come, depois vai ao banheiro e vomita.

– Que dieta maluca.

– Não é mais dieta. É uma doença. E gravíssima. Preparem uma mala com algumas peças de roupa. Já encontrei vaga num hospital especializado em **transtornos alimentares**.

– Mas a essa hora da noite...

– Senhor Romeu, não está compreendendo? O caso é de vida ou morte. O batimento cardíaco de sua filha caiu para 31 por minuto. O normal é entre 60 e 80. Vamos. Vamos logo!

***

Muitas vezes, estimulados pela ditadura da moda, jovens e adultos em busca do corpo perfeito se acham gordos, ao contrário do que realmente são. Isso leva essas pessoas a fazerem dietas rígidas e desenvolverem **transtornos alimentares**, como a anorexia e a bulimia. Essas doenças são causadas pela relação obsessiva com a comida. Ora a pessoa come muito e vomita (bulimia), ora se acha gorda e deixa de se alimentar (anorexia).

Capítulo 3

Macarrão na manteiga

Romeu e Frédi seguiram de carro a ambulância da unidade móvel do plano de saúde, que levava Mila e Isabel a um hospital da Barra da Tijuca.

– Esse médico é um exagerado – ele reclamava. – Foi só um desmaio. Ele deve ter alguma jogada com o hospital, uma comissão pra cada paciente que arranjar.

– Os hospitais ganham uma grana com exames de que o doente nem precisa – completou o filho.

– Que se dane. Não sai do meu bolso. O plano de saúde é que paga.

Quando chegaram Mila foi levada imediatamente a um quarto particular para tomar soro. Ficava numa ala afastada, numa das extremidades do grande prédio, com uma bela vista para uma lagoa e algumas árvores de flores amarelas.

No caminho, Isabel perguntou ao médico:

– Por que as placas dizem Setor de Psiquiatria Clínica?

– Transtorno alimentar é um distúrbio psíquico – ele explicou. – Mas lá temos especialistas em anorexia, não se preocupe. Sua filha precisará de uma equipe multidisciplinar: um clínico geral, um nutricionista e um psiquiatra.

– Ela não tem nada na cabeça – Romeu interferiu. – É só uma dieta de menina.

O médico se despediu deles no corredor. Era um plantonista, dali em diante Mila ficaria sob os cuidados de uma equipe muito experiente. A expressão grave de seu rosto deixou a mãe arrasada.

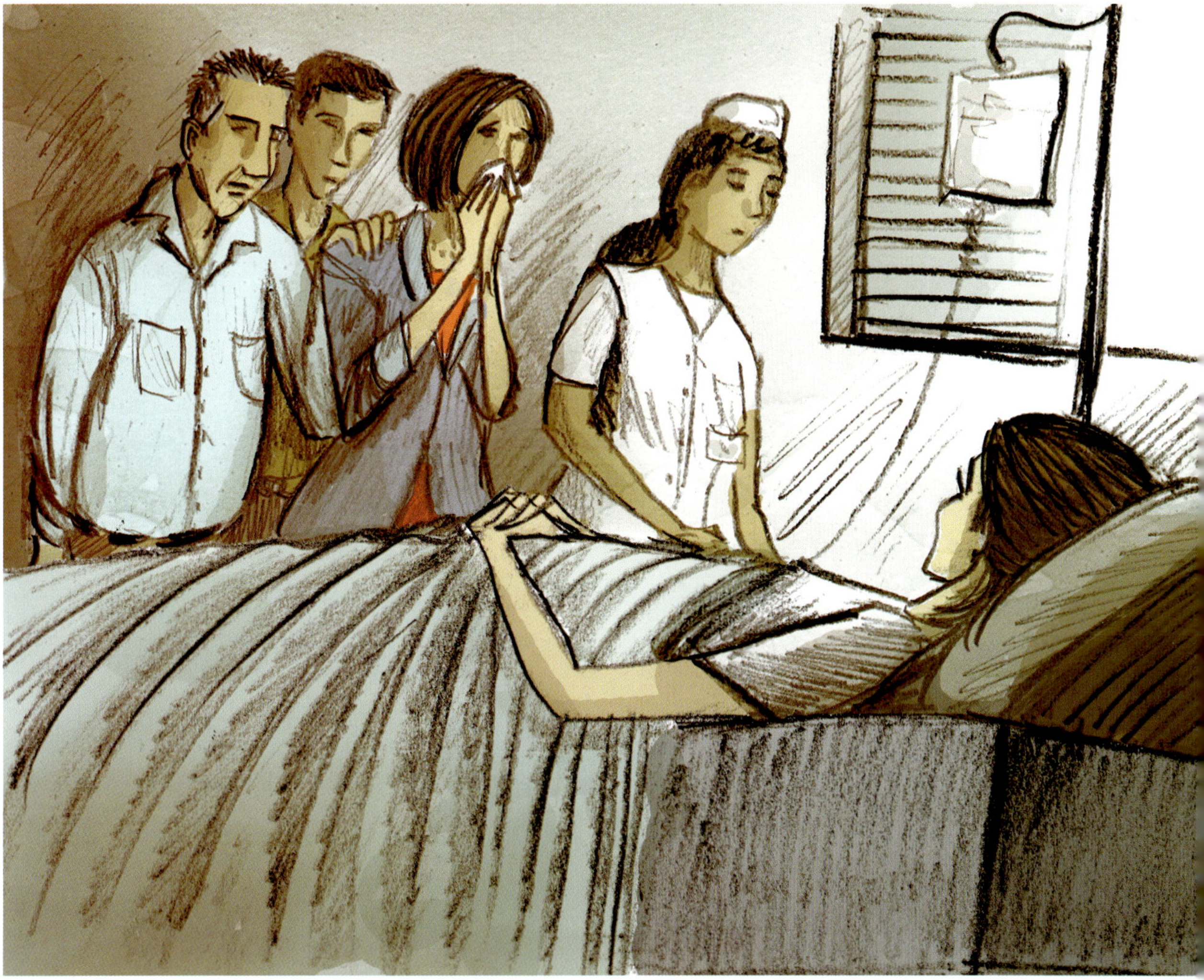

A menina foi levada por duas enfermeiras. Quando os pais e o irmão entraram no quarto ela já estava com o soro espetado na veia. Vestia um camisolão branco de hospital. Naquele ambiente, pela primeira vez repararam de fato como ela estava magra. Desfigurada. Podiam ver os ângulos e as curvas de cada osso, com a pele fina os embrulhando como um papel-celofane. Isabel não conteve as lágrimas.

Uma enfermeira apareceu trazendo um inusitado prato de macarrão na manteiga e um suco. Mila chorou. Não queria. Não podia. Sua garganta estava seca. Fechada. A mãe tentou ajudar, convencer a filha a comer.

Levou o garfo à boca de Mila, como fazia quando ela era bebê. Sentiu um hálito fétido, amargo, como se o corpo estivesse apodrecendo por dentro.

A menina afinal engoliu. Uma, duas, três garfadas de macarrão. Teve ânsia de vômito. A enfermeira segurou sua cabeça. Forçou-a a tomar metade do suco. Depois insistiu no macarrão. Disse que se ela não começasse a ingerir sólidos bem calóricos imediatamente teriam de enfiar um tubo de alimentação em sua garganta. Mila aquiesceu, as lágrimas escorrendo. Engoliu mais algumas garfadas, fazendo a massa descer com um enorme sacrifício e expressão de nojo. Acabou vomitando sobre o próprio peito.

Àquela altura Frédi e o pai haviam recuado até a outra extremidade do quarto, horrorizados. De uma hora para outra a menina havia se transformado. Eles não compreendiam. Como não tinham notado? Aquilo não podia ter acontecido de repente. Já haviam brincado que ela estava magra demais, que comia menos que um passarinho, que quando virava de perfil ficava invisível, mas a própria mãe a defendia, invejava a magreza da filha, elogiava a "força de vontade" com que seguia a dieta. Além do mais, os dois tinham muito mais coisas com que se preocupar. A política era uma atividade absorvente. Em época de campanha, não sobrava tempo para nada. Saíam de casa muito cedo e, às vezes, só voltavam de madrugada.

A chefe de enfermagem entrou no quarto e disse que já era muito tarde, eles teriam de ir para casa.

– Mila está em boas mãos. O clínico geral chega às sete da manhã para uma avaliação do quadro, em seguida a levamos para fazer eletrocardiograma, hemograma e endoscopia do sistema digestório.

A menina teve um ataque histérico quando viu que iria ficar sozinha. Tentou arrancar o soro. Deram-lhe um sedativo forte.

Isabel estava muito abalada. Não queria ir. Precisou ser arrastada por Frédi. A enfermeira que trouxera o prato de macarrão disse que não seria necessário o **tubo de alimentação**. Que, apesar do vômito, boa parte permanecera no estômago.

– O mais importante da internação é que vamos vigiá-la dia e noite para que não vomite. Depois de cada refeição uma enfermeira ficará com ela por quarenta minutos, tempo necessário para a digestão. Ela passa a maior parte do tempo sozinha em casa, não é?

Quando uma pessoa está fraca demais para ingerir alimentos, é necessário encontrar caminhos alternativos para alimentá-la. O **tubo de alimentação** é um deles. Por meio desse procedimento, um instrumento é inserido no nariz ou no estômago do paciente, conduzindo o alimento ao organismo debilitado.

– Sim – Isabel admitiu. – Todos nós trabalhamos fora. Sou **assessora de imprensa** da secretaria de Esportes. Ela fica em casa só com os empregados. Por quê?

– Todos os pacientes que aparecem aqui com bulimia ficam muito sozinhos. Por isso são capazes de vomitar várias vezes por dia sem que ninguém perceba.

Na volta para casa aquilo não saiu da cabeça da mãe. A imagem da filha vomitando todas as tardes. Seus espasmos solitários ecoando na casa vazia. Via a filha ajoelhada no banheiro, em convulsões. O ser mais desamparado do universo. Como pôde ter se afastado tanto dela?

Na volta para casa, no carro, o silêncio foi constrangedor.

Assessor de imprensa é o profissional, geralmente formado em jornalismo ou relações públicas, que tem como objetivo intermediar a relação de alguém ou de alguma instituição com a imprensa. Uma de suas funções é organizar entrevistas e declarações que são dadas aos meios de comunicação.

***

Capítulo 4

Grama a grama

Às sete e meia Isabel ligou para o hospital. O clínico geral estava no quarto, fazendo a avaliação na paciente. Pediram para ela ligar às onze. Ela disse que às onze "estaria" lá.

O marido e o filho saíram para trabalhar.

– Numa campanha eleitoral não se pode perder um dia – Romeu se desculpou. – Vai ficar tudo bem. O que ela precisa é deixar de frescura e comer, só isso. Hoje mesmo ela volta pra casa.

Às onze e meia, afinal, Isabel entrou na sala do clínico geral. Não pôde falar com Mila antes. A filha ainda estava sedada. Tinha sido anestesiada para a endoscopia.

O médico era jovem ainda, com uma expressão séria que a intimidou. Suas palavras caíram sobre ela de maneira esmagadora.

– Sua filha está com o peso corporal 70% abaixo do normal. A carência de sódio e potássio está afetando drasticamente o ritmo dos batimentos cardíacos. Ela apresenta um nível de desnutrição muito grave. O ciclo menstrual já foi interrompido, isso é um sinal claro do grau avançado em que se encontra o quadro de anorexia.

– Talvez não seja anorexia. – A palavra a aterrorizava, de alguma maneira, fazia com que se sentisse culpada. – O hálito dela... não será alguma coisa no estômago?

– Por isso fizemos a endoscopia. Não. O hálito azedo que a senhora sentiu é acidose, os ácidos estomacais sendo produzidos no vazio. É o corpo digerindo a si mesmo.

Ela começou a chorar. Ele continuou, impassível.

– Um corpo privado de alimentação começa a devorar a si próprio, começando pela massa muscular. Por isso a magreza excessiva. O coração é um desses músculos. Se ela prosseguir nesse estado, haverá uma redução do tamanho do coração, e a consequente diminuição do volume de sangue bombeado. Por isso as tonturas, a fadiga e os desmaios como o da noite passada.

– Ela corre risco de morrer?

– Por que a senhora acha que estou sendo tão duro? A maioria das famílias não quer aceitar o fato de ter um filho anoréxico. Vão até o fim acreditando que é por causa da dieta, e que se voltarem a comer fica tudo bem. Chegam a dizer que é "frescura".

Romeu usara a mesma expressão naquela manhã.

– Acontece que sua filha não "consegue" mais comer, entende? Mesmo que ela queira muito. É uma doença fisiológica. A desnutrição já alterou o equilíbrio psíquico da menina. Ela está 20 quilos abaixo do peso considerado normal, com o cérebro recebendo pouca glicose. Só esse fato já acarreta problemas neurológicos. Além do quadro depressivo.

– Mas ela sempre foi uma menina alegre! Nossa família é unida! Somos...

– Vocês têm comida em casa, não têm? Ninguém passa fome.

– É claro que não!

– Se ela não tivesse o que comer, sua desnutrição seria exógena, de fora para dentro. Como não é o caso, a desnutrição dela é endógena, vem de dentro dela, de sua alma. Por isso, não me diga que está tudo bem com ela e sua família.

Isabel ia responder agressivamente, mas sentiu-se pequena, muito pequena, e teve medo de a voz não sair.

– Por isso a doença se chama anorexia nervosa – o médico continuou. – É um **transtorno metabólico**, mas a causa primeira é sempre psicológica. O tratamento será clínico, nutricional e psíquico. O ideal seria um longo **tratamento psicanalítico**, mas não podemos proporcionar isso num hospital. Mila vai se consultar hoje à tarde com nosso psiquiatra, doutor Marcos. Ele certamente chamará a senhora e seu marido amanhã. E ela tem um irmão mais velho, de vinte e um anos, não é? Ela me falou dele. Frédi. Ela adora esse irmão, sabia?

São chamadas **transtornos metabólicos** as alterações do metabolismo, que podem ser desde síndromes que causam deficiência ou produção excessiva de um hormônio até doenças psíquicas como a anorexia.

Em um **tratamento psicanalítico**, por meio da relação terapêutica que se estabelece entre o analista e o analisando, exploram-se os aspectos inconscientes que determinam como uma pessoa se relaciona com o mundo externo e com suas emoções e seus sentimentos. O tratamento psicanalítico possibilita que o analisando venha a ter uma mente mais livre, sendo capaz de pensar e tomar decisões com mais autonomia ao obter percepção mais clara da dinâmica de sua vida emocional.

Isabel entrou no quarto da filha arrasada. Tinha ficado andando para lá e para cá no longo corredor, esforçando-se para controlar o choro. Recebera uma meia dúzia de telefonemas. Todos na secretaria de Esportes a estavam cobrando sobre a divulgação da inauguração de um maldito estádio poliesportivo dali a dois dias. Naquela manhã ela deveria estar em sua mesa, ligando para todos os jornais, revistas e emissoras de tevê do estado do Rio de Janeiro. O próprio secretário de Esportes ligou, perguntando se ela havia confirmado a presença do prefeito. Ela teve de mentir, de responder que sim a todos. Não fizera nada. Não podia pensar na porcaria do estádio numa hora daquelas. Tinha vontade de declarar à imprensa falada e escrita que, na verdade, com o dinheiro desviado pela secretaria em que trabalhava, dava pra construir três estádios.

Mila estava recebendo alimentação **intravenosa**. Ela se aproximou, beijou a filha na testa, aninhou a mão esquerda dela entre as suas. O esqueleto. A frieza. Era como apertar um pé de galinha.

– Meu coração está esquisito, mãe.

– É fraqueza, filha. Você exagerou na dieta – tentou sorrir. – Vai ficar tudo bem. Procure comer.

– Não consigo. Não desce. Dói.

– Force um pouco, querida. Obedeça aos médicos.

– Meu cabelo tá caindo. Me pentearam hoje... saiu um montão na escova.

Isabel tinha impressão de que a voz não era a de sua filha. Alguma coisa falava por ela, a comia por dentro, consumindo grama a grama.

Os olhos de Mila estavam saltados. No rosto magro era fácil imaginar a caveira. Os olhos pediam ajuda. A alma de sua filha parecia ter se concentrado neles, fugindo daquilo que corroía seu corpo.

O celular tocou novamente.

Era o secretário de Esportes, furioso, dizendo que acabara de saber que o prefeito não iria à inauguração do estádio porque nem havia sido informado da solenidade.

– Cale a boca – ela o cortou. – Estou me demitindo. E nem tente fazer nada contra mim ou meu marido, porque sei de todos os seus podres. Você é um corrupto nojento e tenho cópia de um monte de cheques. Estou sendo clara? E mais uma coisa: vá à m*@#!

Desligou o celular.

– Que se dane, filha. Vou ficar do seu lado o tempo todo.

Mila abriu bem os olhos e riu.

A nutrição **intravenosa** ou parenteral serve para complementar ou substituir a alimentação oral. Uma pessoa que não pode, não consegue ou não deve alimentar-se utilizando o aparelho digestório necessita de uma alternativa para a alimentação que o mantenha com um estado nutricional adequado. A alimentação intravenosa é uma mistura de sais minerais, vitaminas, açúcar, gordura e aminoácidos aplicados diretamente na veia do paciente.

***

Capítulo 5

Grana limpa

A mãe fez questão de dar pessoalmente o almoço para a filha. Empadão recheado com carne moída e arroz integral. Levava a colher à boca de Mila e esperava pacientemente que ela mastigasse e engolisse. Porções mínimas a cada vez.

Isabel nem lembrava mais do emprego perdido. Voltara a ser mãe, como nos primeiros anos da filha.

A menina chorou, sentiu dores na garganta, cuspiu, desesperou-se, teve ânsias, mas terminou comendo quase metade da refeição. Isabel ficou a seu lado por uma hora, para que ela não fosse ao banheiro vomitar. Mila acabou dormindo. Uma enfermeira disse que o psiquiatra havia marcado consulta para as oito horas, e que era melhor Isabel ir para casa e voltar na manhã seguinte. Ela obedeceu.

Romeu e Frédi chegaram juntos aquela noite, eufóricos com o sucesso de uma reunião com o dono de uma empresa de ônibus urbanos. Romeu era muito amigo do secretário de Transportes do estado e garantiu que se fosse eleito deputado conseguiria para o empresário a exclusividade no trajeto do centro para Nova Iguaçu.

– Em troca, eles vão me dar sessenta mil reais por mês até o final da campanha!

– E em dinheiro vivo! – Frédi lembrou. – Uma mala cheia de notas de cem reais.

– Empresa de ônibus e padaria são os negócios que mais mexem com dinheiro, dinheiro mesmo. Ninguém compra pão ou paga passagem

com cartão. Por isso é que eu gosto de trabalhar com eles. Não é preciso nem **lavar a grana**.

– Já vem limpa.

Isabel interrompeu a alegria dos dois.

– Vocês nem perguntaram pela Mila.

– Ah, é – Romeu continuou sorrindo. – Já deram alta pra ela? Tá lá no quarto?

– O psiquiatra ligou no final da tarde.

– Psiquiatra?! Não falei, Frédi? O lance do hospital é gastar e mandar a conta pro plano de saúde. Se eu fosse dono de um plano desses botava uns detetives disfarçados de médico e...

– Cale a boca! – ela gritou. – Presta atenção! O psiquiatra quer uma reunião com a gente amanhã, às oito horas. É importantíssimo. Urgente. Estou muito assustada.

– Impossível – Romeu balançou a cabeça. – Amanhã tem uma solenidade na Câmara dos Vereadores. Vamos homenagear o cardeal.

– É. Foi ideia do papai – Frédi confirmou.

O dinheiro obtido por meio de atividades ilegais, como desvio de verbas públicas ou tráfico de drogas, pode ser rastreado pela polícia. Para evitar ser pego e ter de devolvê-lo, o criminoso faz a **lavagem do dinheiro**. Ou seja, ele investe o valor em negócios que já existem ou cria uma empresa para justificar a origem daquele valor. Dessa forma, o que foi ganho de maneira ilícita fica desvinculado do crime. Ao usar a expressão “lavar a grana”, Romeu refere-se a essa prática ilegal.

– Modéstia à parte, brilhante. Fiz um acordo com o cardeal. Eu garanto a ele verbas para a restauração e a ampliação das igrejas católicas e vista grossa nos impostos, e em troca ele instrui os padres para falarem bem de mim nos sermões, deixarem claro que sou contra o aborto, essas coisas.

– O senhor poderia sugerir o lema da Campanha da Fraternidade para o ano que vem: "Uma mão lava a outra".

Pai e filho chegaram a sentar de tanto rir. Custaram a reparar que Isabel estava chorando.

– Ô, mãe... desculpe – Frédi a abraçou.

– Vocês não estão entendendo... Mila pode morrer, o caso é muito grave... o psiquiatra...

– Mas o cardeal... – Romeu resmungou.

Frédi olhou o pai com cara feia.

Às oito da manhã os três entraram na sala do doutor Marcos. Era grande e arejada. Através de uma janela via-se uma parte da lagoa, e uma garça branca, majestosa, parada como uma estátua sobre uma pedra, como um símbolo de pureza.

O psiquiatra os recebeu com uma expressão séria, sentado do outro lado de sua escrivaninha. Atrás dele, uma parede forrada de livros. Ele era baixo, magro, na faixa dos sessenta anos, com os cabelos lisos e brancos, fazendo curvas atrás das orelhas e um olhar penetrante como sondas.

Já havia três cadeiras os esperando. Romeu estava visivelmente contrariado.

Depois das apresentações, o doutor Marcos foi direto ao assunto:

– O clínico geral já informou à mãe o quadro grave de anorexia e bulimia em que se encontra Mila, e os consequentes danos físicos. A nutricionista já calculou as calorias, proteínas e todos os demais nutrientes necessários para o restabelecimento da paciente. Se quiserem maiores detalhes podem falar diretamente com ela. Cabe a mim a terceira perna do tripé: a terapia. Passei a tarde de ontem conversando com a menina... senhor Romeu, acho melhor desmarcar seu compromisso importante porque isso aqui vai demorar.

– Como sabe que tenho um compromisso?

– Pais com a filha em estado grave, como a sua, não costumam vir falar comigo de terno, gravata, e com um bóton de campanha preso na lapela. Nem ficar com a mão no bolso para sentir se o celular está vibrando.

Isabel olhou para o marido com cara feia. Ele tirou a mão do bolso.

– Tenho uma solenidade com o cardeal – Romeu retrucou.

– Por favor, decida se a vida de sua filha vale mais do que um cardeal. Não posso perder o meu tempo.

– Desliga esse celular! – Isabel foi ríspida, e em seguida virou para o filho. – E você também!

Marido e filho obedeceram.

– Agora me escutem com atenção – Marcos começou. – O caso da Mila é muito grave... mas, ao mesmo tempo, surpreendente. Em vinte anos cuidando de meninas anoréxicas da idade dela, nunca tinha visto nada parecido.

– O que é, doutor? O que... – Isabel apertava a bolsa com as duas mãos, desesperada.

– As meninas se tornam anoréxicas obviamente por quererem emagrecer. Mila é um caso único.

– Diga logo, doutor...

– A causa da anorexia de Mila é ter um pai corrupto.

***

O QUE É CORRUPÇÃO?

Quando lemos o jornal ou assistimos ao noticiário na televisão, é comum nos depararmos com notícias que envolvem a palavra "corrupção" – e dificilmente a informação é positiva. Mas, afinal, o que é "corrupção"?

Não existe apenas uma resposta para essa pergunta. Por definição, a palavra "corrupção" vem do latim, *corruptus*, e significa viciado, pobre, depravado, falsificado. No sentindo consagrado pelo uso cotidiano, é a utilização dos meios públicos para fins privados, ou seja, é a forma como o agente público faz uso de recursos e do cargo que ocupa visando ganhos e vantagens pessoais.

Nesse caso, podemos entender o amplo sentido dessa palavra quando nos lembramos da história de Mila: a corrupção que era praticada por pessoas da sua família era sentida por ela como uma decomposição, um apodrecimento generalizado, que se estendia até ao alimento que comia. Embora a garota não se desse conta disso.

CHARGES COMO ESTA SÃO PUBLICADAS COM FREQUÊNCIA NA IMPRENSA BRASILEIRA COMO FORMA DE DENUNCIAR A CORRUPÇÃO.

Portanto, "corrupção" é um conceito genérico que, na maioria das vezes, aponta para a **apropriação de recursos** públicos que deveriam ser destinados para a população e acabam sendo usados para fins particulares. Quando o ato corrupto é praticado por um agente público ocorre a chamada **corrupção pública**. Isso quer dizer que qualquer representante, eleito ou de carreira, do país, do estado, da prefeitura ou da polícia que usa do seu cargo para receber dinheiro ou favores pode ser considerado um funcionário corrupto.

A corrupção pública, mais do que ser um ato eticamente condenável, já que quebra o vínculo de confiança entre o agente público e a população, tem consequências para toda a sociedade. Isso porque impede que os recursos cheguem a quem são destinados.

Isso significa, por exemplo, que o dinheiro reservado no orçamento do governo para ser aplicado em escolas, hospitais e policiamento não chega ao seu destino. Consequentemente, esses serviços públicos não funcionam como deveriam, prejudicando a população. Além disso, a necessidade de ocultar os negócios corruptos leva os agentes públicos a criarem manobras cada vez mais complexas, a custos cada vez mais altos. Isto aumenta ainda mais o investimento da verba pública em negócios ilícitos. Por esta razão, a qualidade dos serviços governamentais e de infraestrutura, como construção e melhoria de estradas, hospitais, escolas, casas populares, por exemplo, diminui.

Porém, a corrupção não acontece apenas nos setores públicos. Ela também ocorre com bastante frequência no meio privado. Isto é, quando é feita por funcionários de uma empresa, ou prejudica outras esferas que não a estatal. Nesse caso, é chamada **corrupção no setor privado**.

Um exemplo bastante comum é quando um funcionário de uma empresa aproveita-se de sua posição para obter vantagens em benefício próprio, como escolher um fornecedor que lhe pague comissão por algum trabalho prestado. A corrupção no setor privado é também chamada de **fraude**. Dentre as práticas mais frequentes desse tipo de corrupção estão a sonegação fiscal, a fraude de seguros, o roubo de identidade e a lavagem de dinheiro.

No meio privado, é possível detectar tais práticas por meio de controles internos. Por exemplo, o processo anual de auditoria realizado nas empresas contribui para a identificação de fraudes e consequente denúncia de funcionários. Uma vez iniciado o processo de investigação e constatada a fraude, geralmente os resultados são mais rápidos que no meio público, pois ocorre a demissão imediata dos funcionários envolvidos e a ação judicial contra a pessoa física é mais rápida.

No caso da corrupção pública, os processos de investigação costumam ser mais lentos e muitas vezes os suspeitos usam seus di-

UM EXEMPLO DE **CORRUPÇÃO PÚBLICA**: NESTA FOTO, TIRADA EM 29/11/2009, O DEPUTADO JÚNIOR BRUNELLI APARECE RECEBENDO DINHEIRO PARA FACILITAR A APROVAÇÃO DE EMENDAS NO CONGRESSO. ESSE PARLAMENTAR FOI DENUNCIADO POR ESTAR ENVOLVIDO NO ESCÂNDALO QUE FICOU CONHECIDO COMO **MENSALÃO DO DEMOCRATA**, INVESTIGADO PELA POLÍCIA FEDERAL COM BASE NA GRAVAÇÃO FEITA POR DURVAL BARBOSA, EX-ASSESSOR DE JOSÉ ROBERTO ARRUDA, TAMBÉM ENVOLVIDO NO ESQUEMA E QUE TEVE SEU MANDATO COMO GOVERNADOR DO DISTRITO FEDERAL CASSADO.

reitos, como a imunidade parlamentar, para não serem punidos.

Embora a corrupção aconteça em todos os países, em maior ou menor grau, o conceito dessa prática varia conforme o tempo e o lugar.

Alguns estudiosos dos Estados Unidos, na década de 1960, acreditavam que certa dose de corrupção poderia contribuir para o desenvolvimento de países burocratizados. Ou seja, algumas atitudes corruptas praticadas em países subdesenvolvidos e socialistas poderiam ser vantajosas. Como os funcionários públicos desses países supostamente ganhariam um salário muito baixo, o suborno seria uma forma de complementar a renda e os motivaria a desempenhar melhor suas funções. Evitaria, ainda, a evasão de servidores talentosos para empresas privadas. Segundo esses pensadores, a corrupção teria o mérito de estimular a competição, permitir inovações e aumentar a produtividade.

Mas os estudos sobre a corrupção avançaram muito nas últimas décadas, e países da Europa, Ásia, África e os antigos países socialistas tentaram compreender as causas da corrupção com base na opinião pública, revelando que o problema não se restringe apenas aos países subdesenvolvidos.

A corrupção passou a ser, então, definida como uma troca clandestina entre dois mercados, o mercado político e/ou administrativo e o mercado econômico e social.

A contribuição significativa desses estudos é que a corrupção passou a ser pautada tendo em vista um padrão de comportamento que se afasta das normas predominantes.

Os estudos sobre corrupção nas últimas décadas envolveram diversas áreas, como antropologia, sociologia, ciência política, economia e administração pública. O que se pretendia era compreender a corrupção do ponto de vista dos diferentes campos de estudo. A partir disso, ela passou a ser vista como o principal obstáculo às reformas políticas e econômicas.

O desenvolvimento de ferramentas de controle da corrupção passou, portanto, a ser preocupação constante. E a participação da sociedade civil começou a ser considerada fundamental na fiscalização dos órgãos públicos, pois acredita-se que a população pode coibir os líderes políticos a terem práticas corruptas.

No Brasil, os estudos realizados durante a década de 1990 foram importantes, pois contribuíram para uma melhor compreensão do conceito de corrupção e a criação de formas para combatê-la.

Ao contrário do que muita gente acredita, e como veremos adiante, a corrupção não é um mal que atinge apenas o Brasil e outros países emergentes ou que está presente apenas nos países subdesenvolvidos. E a melhor maneira de combatê-la é assumir uma posição participativa na política e vigiar o que os políticos fazem com os recursos públicos.

AS PRÁTICAS MAIS COMUNS DE CORRUPÇÃO

Nepotismo

Ocorre quando familiares de um funcionário são favorecidos na ocupação de cargos públicos sem prestar concurso, como prevê a lei. O concurso público garante que as pessoas sejam contratadas de modo justo, sem se valer de influências pessoais.

Clientelismo

É a troca de favores, prática bastante comum em período de eleições. Uma pessoa oferece proteção ou qualquer outro tipo de recompensa a outra em troca de apoio político, configurando-se assim uma relação de submissão.

Fraude eleitoral

É a interferência em uma eleição com a intenção de impedir, anular ou modificar o resultado e favorecer determinado candidato. No Brasil, a fraude eleitoral diminuiu bastante depois da implementação da urna eletrônica.

Lobby

Atividade exercida para influenciar as decisões do poder público com o intuito de privilegiar determinados grupos com interesses privados. Embora a prática seja proibida no Brasil, em certos países, como nos Estados Unidos, é legalizada como uma profissão.

Caixa dois

São os ganhos não contabilizados e sobre os quais não se declaram os impostos. Normalmente essa prática está associada a uma origem ilícita do dinheiro. O caixa dois, como o pai de Mila conta, também é usado para financiar campanhas eleitorais, quando empresários "doam" verbas para partidos usarem nas campanhas – posteriormente, eles "cobrarão" favores, como a concessão de licitação para suas empresas. Em vários países, como Alemanha, França, Itália, Costa Rica e Uruguai, as campanhas eleitorais são parcial ou integralmente financiadas pelo Estado. Por meio dessa prática distribuem-se recursos entre os partidos, que devem prestar contas sobre a utilização desse dinheiro. Desde que acompanhada de transparência e fiscalização, ela contribui para evitar o caixa dois.

Desvio ou malversação de recurso público

Trata-se da apropriação indevida de recursos da administração de patrimônio público ou privado. No primeiro caso, o agente público desvia os recursos para o seu uso pessoal ou de partes interessadas. No caso de malversação, nem sempre há intencionalidade; o agente público muitas vezes desconhece a legislação e por isso utiliza o dinheiro de forma incorreta.

Tráfico de influência

Dá-se quando o agente público aceita dinheiro, favores ou presentes em troca de benefício pessoal. Consiste em solicitar para si ou outra pessoa vantagem ou promessa de vantagem para influir em ato praticado por funcionário público no exercício da função.

Conflito de interesse

Ocorre quando há confronto entre o interesse público e particular do agente. Por exemplo, um juiz que julga o caso da sua filha.

Suborno

É promessa, oferecimento ou pagamento a um funcionário público (com dinheiro ou outros favores) para que ele deixe de cumprir com seus deveres profissionais em favorecimento de uma pessoa ou um grupo.

Extorsão

Ocorre quando se obriga alguém a fazer algo por meio da violência ou ameaça para obter vantagem.

IMAGENS GRAVADAS EM NOVEMBRO DE 2000 MOSTRAM POLICIAIS DO 5º BATALHÃO RECEBENDO **SUBORNO** DE TRAFICANTES DO MORRO DA PROVIDÊNCIA, NO RIO DE JANEIRO.

A CORRUPÇÃO NA ANTIGUIDADE

Desde a Antiguidade, a corrupção se faz presente na história. A **Mesopotâmia**, por exemplo, território situado no chamado "crescente fértil", um planalto localizado no Oriente Médio onde atualmente é o Iraque, foi palco de várias práticas ilícitas. Por volta do século VI a.C., esse território abrigou uma das mais famosas civilizações da Antiguidade, pelo seu desenvolvimento cultural, político e econômico. Na história dos povos mesopotâmicos, encontramos diversos documentos que relatam a oferta de presentes a chefes e pessoas públicas por parte de cidadãos interessados em que a administração lhes resolvesse alguma pendência.

Na **Grécia antiga**, o pugilista olímpico Eupolos, em 388 a.C. teria subornado três de seus adversários para que permitissem que ele vencesse a disputa. Uma denúncia foi feita e o senado da cidade de Olímpia impôs uma multa aos quatro envolvidos na prática de suborno. Com o dinheiro da multa foram erguidas seis estátuas de bronze em homenagem a Zeus. As estátuas receberam o título de Zanes, e na inscrição da primeira constava: "Não é com dinheiro, e sim com pernas rápidas e um corpo robusto, que se alcança a vitória em Olímpia".

Embora a prática das oferendas fosse comum na Antiguidade, a presença do tema em muitos manuscritos legislativos da época nos mostra as tentativas de combate às práticas corruptas.

É o caso de Hamurabi, um dos mais famosos legisladores da Antiguidade. Segundo pesquisadores, ele teria nascido por volta de 1810 a.C. e falecido em 1750 a.C., na Babilônia. Hamurabi teria elaborado um código em que apresentava as regras sobre como proceder diante de questões jurídicas. Uma das primeiras recomendações do código estabelecia que o forte não poderia oprimir o fraco e que fosse feita justiça à viúva e ao órfão. O código previa também penalidades para os juízes que mudassem sua decisão, buscando evitar que a doação de presentes pudesse alterar as sentenças.

DETALHE DE TRECHO DO CÓDIGO DE HAMURABI, CONSIDERADO O PRIMEIRO CONJUNTO DE LEIS ESCRITAS NA HISTÓRIA.

CORRUPÇÃO NO SETOR PÚBLICO E PRIVADO

A fraude pode ou não lesar diretamente o governo. Um dos maiores fraudadores de todos os tempos foi o português Alves Reis, que, em 1924, emitiu títulos bancários falsos e com eles roubou o que seria hoje equivalente a US$ 150 milhões do Banco Português.

Outro caso bastante conhecido de fraude foi a **operação Bernhard**, planejada pela Alemanha com o intuito de aniquilar a economia da Inglaterra, sua oponente na Segunda Guerra Mundial. Para isso, a polícia secreta alemã contratou um grupo de talentosos falsificadores para emitir libras falsas e, com o mercado inundado de moeda britânica, desvalorizar e quebrar a economia dos inimigos. Os alemães chegaram a injetar dinheiro falso no mercado, aceito como verdadeiro pela própria Casa da Moeda inglesa, tamanha a perfeição da falsificação. O processo de derrocada da economia inglesa só foi interrompido porque a Alemanha perdeu a guerra. Essa interessante história pode ser conferida no filme *Os falsários*, do diretor Stefan Ruzowitzky, que foi lançado no Brasil em 2009.

No Brasil, um caso famoso de fraude foi o golpe aplicado por Jorgina de Freitas, em 1992. Ela era advogada do INSS e fraudou o sistema em R$ 300 milhões. Depois de fugir do Brasil, morou em diferentes países, fez diversas cirurgias plásticas e até mudou de nome. Nesse meio-tempo, continuou praticando atos criminosos, como a abertura de empresas de fachada para que pudesse movimentar mais facilmente o dinheiro roubado. Ela foi capturada na Costa Rica e presa em 1997, cinco anos depois de fugir do Brasil. Em um raro caso em que o fraudador vai para trás das grades, Jorgina ficou presa de 1998 a 2007, quando passou a cumprir a pena em regime semiaberto.

JORGINA DE FREITAS SENDO CONDUZIDA POR POLICIAIS AO SAIR DO PRÉDIO DA OAB-RJ, ONDE FOI JULGADO PROCESSO DISCIPLINAR QUE CASSOU O SEU REGISTRO DE ADVOGADA, NO RIO DE JANEIRO, EM 22/02/2001.

PRENDA-ME SE FOR CAPAZ

Ele conseguiu fingir que era piloto de avião sem jamais ter entrado em uma cabine de aeronave. Também se passou por médico, sem ao menos ter pisado em uma faculdade de Medicina. Mas não foi por nenhum desses crimes que o FBI, a polícia federal norte-americana, começou a perseguir Frank William Abagnale Jr., na década de 1960.

O jovem norte-americano falsificador de cheques chegou a dar golpes que, somados, dariam mais de US$ 2,5 milhões. Depois de ser pego, cumpriu uma parte da pena ajudando a polícia a desvendar outros casos de fraude. Quando saiu da prisão, abriu a própria consultoria, a Abagnale and Associates, para auxiliar outras empresas a detectar fraudes financeiras. Essa história deu origem ao filme norte-americano *Prenda-me se for capaz*, de Steven Spielberg, lançado em 2002.

LEONARDO DICAPRIO EM CENA DO FILME *PRENDA-ME SE FOR CAPAZ.*

CORRUPÇÃO E FALTA DE ÉTICA: QUAL É A DIFERENÇA?

A diferença entre a corrupção e a falta de ética é sutil, mas existe. A corrupção se configura por sempre incorrer em uma **transgressão**, ou seja, é considerada ilegal pela lei do país. O mesmo não ocorre com a falta de ética, que se caracteriza por desrespeitar um código estabelecido **socialmente**, sem necessariamente infringir a lei.

A falta de ética nem sempre é um ato que podemos definir como corrupto, mas todo ato corrupto representa uma falta de ética.

O famoso "**jeitinho brasileiro**" é a arte do improviso em proveito próprio, o jogo de cintura em situações adversas. Por exemplo, você chega ao banco quando ele acabou de fechar e, apenas conversando, consegue convencer o funcionário a atendê-lo. Isso pode ser chamado de "jeitinho brasileiro", mas não falta de ética, já que você não prejudicou ninguém.

No entanto, muitas vezes o que é conhecido como "jeitinho brasileiro" acaba incorrendo em falta de ética. Por exemplo, furar a fila ou se fazer de desentendido quando você está sentado em lugar preferencial nos transportes públicos e entra um idoso, que tem aquele assento garantido por lei.

Embora esses atos não se configurem como crimes de corrupção, são considerados falta de ética, porque você está sobrepondo o seu direito ao de outros, sem que essa atitude seja correta.

Há, porém, atos criminosos que são considerados, erroneamente, "jeitinho brasileiro".

Por exemplo, quando alguém tenta subornar um guarda que presenciou uma infração de lei do trânsito para não receber uma multa ou usa carteirinha de estudante falsificada para pagar meia-entrada.

ESTA FOTO, TIRADA NO METRÔ DE SÃO PAULO, INFORMA AO USUÁRIO QUE AQUELE ASSENTO É RESERVADO PARA PASSAGEIROS COM NECESSIDADES ESPECIAIS, GESTANTES, IDOSOS E PESSOAS COM CRIANÇAS NO COLO.

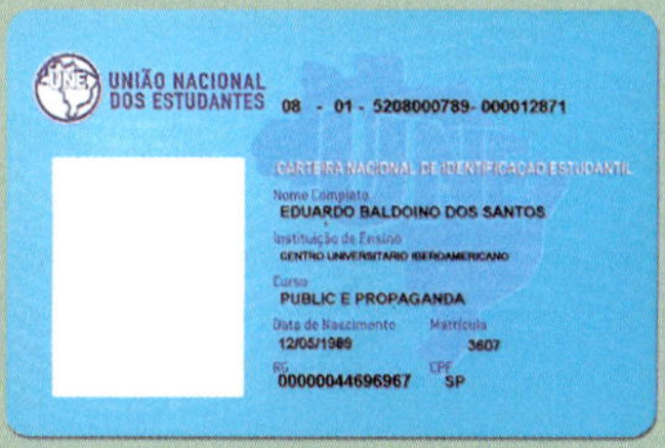

O USO DE CARTEIRINHAS FALSIFICADAS POR QUEM NÃO É ESTUDANTE CONTRIBUI PARA QUE OS PREÇOS DOS INGRESSOS PARA PROGRAMAS CULTURAIS SEJA MAIS CARO.

Capítulo 6

Cale a boca, Romeu!

– Do que é que o senhor está falando? – Romeu pulou da cadeira e ficou olhando para o alto das paredes. – Está me acusando? Tem gravador aqui? Tem câmera de vídeo?

– Sente-se, senhor Romeu. Esta conversa é absolutamente sigilosa. Pense sempre que é a vida de sua filha que está em risco, e não temos muito tempo a perder com formalidades nem com hipocrisias.

– Sente aí – Isabel o puxou pelo braço.

– Ele não pode me acusar de...

– Não o estou acusando – Marcos continuou. – Tudo o que eu disser são informações colhidas de sua própria filha.

– Mila disse que eu sou corrupto?

– Por favor, me ouça. É mais complexo do que o senhor imagina.

Com voz calma e pausada, o psiquiatra começou a explicar.

Logo nos primeiros momentos da conversa havia estranhado o nível cultural da menina. Ela era culta, inteligente e bem informada.

– Não era o perfil típico das adolescentes que chegam aqui com anorexia. Em geral elas são totalmente seduzidas pelo "sistema", sonham em se tornar modelos ou atrizes de novela. A sociedade quer que a mulher seja magra, então elas procuram ser a mais magra de todas.

Mila era o oposto. Em pouco tempo ele a fizera admitir que não fazia dieta para emagrecer. Falava aquilo para sua mãe, para que ela não ficasse preocupada nem estranhasse sua falta de apetite. Era tão comum uma menina da idade dela fazer dietas rigorosas que praticamente deixou de comer e ninguém notou.

Com o psiquiatra Mila se abriu. Não queria ser modelo. Achava moda uma besteira. Sua intenção era se formar em jornalismo, ou sociologia. Queria ser uma intelectual.

– Mas, afinal – Romeu exasperou-se –, por que diabos a menina não come?

Mila simplesmente perdera o apetite. Aquele era um sintoma de depressão. O psiquiatra explicou que é muito comum o adolescente passar um longo período num estado depressivo, sem que a família perceba.

– Não sou psicanalista – Marcos prosseguiu –, mas tive a intuição de que a causa daquela aversão por comida podia vir à tona com uma simples brincadeira de **livre associação de ideias**. Ficamos trocando palavras durante uma hora. Repito, ela é uma menina incrível. Uma inteligência fora do comum. Tem um vocabulário muito superior ao das jovens de sua idade. Num certo momento eu disse "comida", ela falou "sujeira". Repliquei "miséria". Ela disse "grana". Insisti: "alimento". Ela então admitiu: "dinheiro sujo". Emendei: "esgoto". Ela concluiu: "política".

– Não estou entendendo aonde o senhor quer chegar – Romeu estava na defensiva.

– Desculpe, mas na ficha de vocês... estão as profissões: vereador, assessor de vereador, assessora de imprensa da secretaria de Esportes.

– Não trabalho mais. Mandei o secretário praquele lugar.

– Você fez o quê?! – Romeu olhou para a mulher.

– Depois eu conto. Continue, doutor.

– Reparem na sequência: comida, sujeira, miséria, grana, alimento, dinheiro sujo, esgoto, política.

Era óbvio para ele que Mila associava comida a coisas sujas, por isso perdera o apetite. Seu inconsciente via no alimento a podridão do esgoto, e o esgoto vinha da política, e a política produzia dinheiro sujo.

– Desculpem o preconceito, mas a política no Brasil está muito associada a dinheiro sujo. O senhor é vereador. Não preciso ser um gênio para imaginar que Mila, em certo momento de sua vida, inconscientemente concluiu que a comida que vocês comem em casa é fruto do dinheiro sujo, da corrupção.

A **livre associação de ideias** é um método criado por Sigmund Freud (foto) que consiste em encorajar o paciente a dizer o que vem à sua mente durante o tratamento. O psicanalista analisa todo o material que aparece, buscando ajudar o paciente a encontrar desejos, temores, conflitos e lembranças dos quais não tem consciência.

Romeu deu um soco na mesa.

– Sabia que eu posso processá-lo por isso? O senhor induziu minha filha a...

– O senhor pratica corrupção? – Marcos o olhou nos olhos, calmo.

Isabel e Frédi não sabiam onde se enfiar. É claro que sim. Os três.

– É claro que não! – Romeu gritou.

Isabel e Frédi baixaram a cabeça. Romeu teve de mentir sozinho:

– Em toda minha vida pública nunca...

– Pare, querido – a mulher pousou a mão em seu ombro. – É pela vida de nossa filha.

Marcos prosseguiu, sempre olhando Romeu fixamente:

– A palavra "corrupção" também significa deterioração, decomposição orgânica, putrefação. Não são coisas agradáveis para associar com comida. Estou falando sério. Em vinte anos trabalhando com anorexia nunca vi isso. O que impõe ao médico um dilema moral: a paciente está certa! Não podemos tentar "curá-la" convencendo-a a voltar a comer o alimento comprado com o "dinheiro sujo" da corrupção, como se isso fosse uma bobagem, uma fobia sem fundamento, como ter medo de barata ou de elevador.

– Está bem, doutor – Isabel o interrompeu, sentindo uma angústia tão sufocante que mal conseguia respirar. – Sim, praticamos muitos atos de corrupção. Fique quieto, Romeu! E falamos isso abertamente na mesa, durante as refeições. O senhor provavelmente está certo. Certíssimo. Obrigada. Mas... o que podemos fazer?

– É simples. Parar com a corrupção.

– E se o senhor tentasse dar um remedinho pra ela?

– Cale a boca, Romeu!

***

Capítulo 7

Dinheiro é uma coisa linda

Imunidade parlamentar são os direitos especiais adquiridos pelos membros do poder Legislativo para lhes garantir o exercício de sua profissão, protegendo-os contra os abusos do poder Judiciário e Executivo. Mas infelizmente muitos parlamentares se aproveitam disso para cometer seus crimes de corrupção e ficarem impunes.

– Esse psiquiatra é maluco.

– Você não quer admitir que ele tem razão – Isabel ainda estava com os olhos vermelhos de tanto chorar.

– Me chamar de corrupto! Posso mandar prendê-lo. Tenho **imunidade parlamentar**!

Estavam no carro, voltando para casa. Frédi, calado, dirigia sua enorme caminhonete importada.

Antes de passarem no quarto de Mila, o psiquiatra havia pedido a um enfermeiro que os levasse ao ambulatório, onde muitas meninas e alguns meninos anoréxicos em estado grave recebiam alimentação intravenosa.

Ver como sua filha poderia ficar no futuro apavorou ainda mais a mãe, e abalou definitivamente o irmão. Quanto a Romeu, aquilo só aumentou a raiva que sentia do médico.

– Você não ouviu o doutor Marcos? Vinte por cento dos pacientes com anorexia morrem! Uma grande parte se suicida!

– Os médicos vivem de assustar a gente, mulher. É um jeito fácil de ganhar dinheiro. "Você tem um câncer no pulmão. Passa dinheiro pra cá senão morre." Eu posso ser corrupto, mas eles são ladrões. Todos eles.

– Pai...

– O que é?

– Vou vender esta caminhonete.

– Com sua irmã assim... Vocês não vão ficar falando de carro uma hora dessas! – Isabel gritou.

– Vender a caminhonete tem a ver com a Mila, mãe.

– Como assim?

Frédi afinal rompeu o silêncio. Tinha ouvido o psiquiatra, depois visto as meninas morrendo, por fim entrara no quarto de sua irmã. Enfrentara tudo calado. Mila havia olhado para ele de um jeito... pedindo ajuda. Quando a pegara no colo, na noite do desmaio, foi como carregar um feixe de gravetos secos, sem vida. Ela pedia ajuda, estendia a mão, como uma menininha apavorada dentro de um poço. Uma vez ele a salvara das ondas de um mar agitado. O olhar era parecido.

Ele havia decidido fazer tudo, qualquer coisa, para salvar sua irmã.

– Mila sabe que ganhei essa caminhonete como comissão, naquela jogada de desvio de grana do **bolsa família**.

– E daí, rapaz? – Romeu deu um tapinha no ombro do filho. – Às vezes é pior para os pobres receber dinheiro do governo. Tira a iniciativa deles.

Frédi continuou, como se falasse sozinho:

O **Programa Bolsa Família**, criado em 2002 pelo Governo Federal, auxilia a famílias em situação de pobreza ou extrema pobreza. Elas recebem um cartão com um saldo para ser sacado em dinheiro, desde que o responsável mantenha crianças e adolescentes na escola e garanta os cuidados básicos com a saúde da família.

As funções de um **auditor** envolvem essencialmente a análise de contas. Ou seja, o trabalho dele é investigar as operações financeiras de uma empresa ou de algum setor público. O objetivo da auditoria é verificar se as atividades desenvolvidas estão de acordo com o que foi estabelecido no início, se o trabalho tem sido exercido com eficácia e se os gastos são coerentes com o orçamento feito.

No combate à depressão, é comum a indicação de certos medicamentos que diminuem os sintomas da doença, os chamados **antidepressivos**. Normalmente a indicação desses remédios é associada à prática terapêutica. Ou seja, o paciente é assistido por um psiquiatra, que acompanha o uso dos medicamentos, e um profissional da área de Psicologia, que o ajuda a elaborar os problemas e traumas que podem ser responsáveis pelo quadro de depressão.

– Quando viu essa caminhonete importada pela primeira vez, ela disse: "Com a grana que vale um carrão desses dava pra alimentar umas trinta famílias por um ano".

– E daí? Depois de um ano eles iam viver de quê? A gente ia ter de vender outra caminhonete e dar o dinheiro pra eles?

– O psiquiatra tem razão, pai. Nunca vi Mila falar que queria ser modelo, estar na moda; ao contrário, ela achava isso uma babaquice. Não deixaria de comer por futilidades. Ela é uma garota sensível, inteligente, cheia de personalidade. A causa da anorexia dela só pode ser mais profunda, e o médico descobriu – Frédi socou o volante. – Essa caminhonete é um exemplo de corrupção. Vou vender.

– E fazer o que com o dinheiro? Hein? Vai continuar sendo dinheiro sujo. Por que não devolve ela pra quem te deu?

– É. É isso que eu vou fazer. Hoje mesmo. Deixo vocês em casa e faço isso!

– Ele está certo, querido. Também vou mudar. Vou me desfazer de tudo que tiver sido comprado com dinheiro ilícito. Já larguei o emprego na Secretaria. Lá até pra pedir um sanduíche da rua tenho de dar 10% pro funcionário.

– Você fez isso mesmo? Não acredito! Em plena campanha! Eu tinha umas propostas para fazer ao secretário de Esportes! – Romeu desesperou-se. – O que há com vocês? Vamos todos virar santos? Tudo bem, admito que praticamos algumas faltas administrativas...

Isabel e Frédi balançaram a cabeça.

– O que vocês queriam? Se a gente não pegar o outro pega. Por que não posso tirar algumas vantagens extras do meu cargo? A maioria das vezes são as pessoas que me procuram, me oferecem comissões, me pedem pra facilitar as coisas, pra convencer os fiscais a não serem tão rigorosos, pra pedir aos **auditores** que não sejam tão escrupulosos... Meu Deus, isso é corrupção?

– É! – disseram os dois, ao mesmo tempo.

– Então vamos ter de nos desfazer de tudo que temos! Vamos morar embaixo de um viaduto!

– Se for preciso, pra salvar minha filha...

– Absurdo! Não podemos mudar nosso padrão de vida porque a menina exagerou na dieta. Vamos consultar outro psiquiatra. Quem sabe um simples **antidepressivo** resolve todo esse problema, hein?

– Querido... desculpe, mas eu sei que o doutor Marcos está certo. Meu coração de mãe sabe. Vou mudar. Não vou arriscar a vida da minha filha por dinheiro. Dinheiro sujo.

– Parem de chamar o dinheiro de sujo. Dinheiro nunca é sujo. Dinheiro é uma coisa linda. E você, filho? Fora essa crise com a coitada da caminhonete, vamos seguir a vida normalmente, não é, garoto?

– Não, pai. Estou com a mamãe. Daqui pra frente, só aceito meu salário. A vida da Mila está por um fio.

– Tá legal. Todos contra mim! Pois eu vou levar a vida que sempre levei. Vou provar a vocês que isso tudo é besteira. Quando a Mila melhorar, e descobrir que nosso padrão de vida não despencou, vai me dar razão. Vou mandá-la para umas férias em Miami, no melhor hotel. Vamos ver se ela vai achar meu dinheiro sujo quando estiver na Disney.

Isabel começou a chorar novamente.

***

Capítulo 8

O fantasma

A partir daí a família rachou. De um lado Mila, o irmão e a mãe. Do outro, Romeu.

O psiquiatra marcou três sessões semanais de terapia familiar, no próprio hospital. Romeu se recusou a ir.

– Não vou lá pra ouvir ofensas daquele sujeito. Estou em campanha política. E se ele gravar o que for dito e depois vender pros meus adversários?

Mila permaneceu internada por vinte dias. Foram sete encontros. Todos sem o pai.

O doutor Marcos deixou bem claro logo no começo que eles precisavam encarar a doença, e que a família era fundamental para a recuperação de Mila.

– Ninguém conhece melhor uma pessoa do que seus pais e irmãos. Por isso a terapia deve ser centrada na família. Vocês serão os guardiões da saúde dela.

Mila estava sempre presente, e tudo lhe era falado abertamente.

Marcos explicou que toda família tem um conflito básico, profundo, a maioria das vezes secreto, negado, escondido.

– Um fantasma no sótão, com todos fingindo que ele não existe. Mas evitá-lo só piora a situação. Quando o corpo não fala, ele adoece.

A bulimia e a anorexia de Mila estavam expulsando o fantasma do sótão.

– Comida é um símbolo poderoso de ligação familiar. Não quero entrar no mérito da questão, não estou fazendo nenhum discurso moralizante, mas Mila está vomitando porque a comida que recebe da família

está contaminada pela corrupção. Vomitar é a maneira que ela encontrou de se purificar, de purgar.

Mila confessou que sempre que comia se sentia culpada, e que de fato vomitar depois lhe dava um grande alívio, e até uma certa euforia.

– A anorexia quase sempre começa com a bulimia, os vômitos. Mila iniciou o processo aceitando a comida, mas a expulsando depois. Desfazendo-se do que é impuro. Com o tempo, seu organismo passou a rejeitar o alimento. Ela está numa fase intermediária. Muitas vezes ainda sente fome, e come, por isso é obrigada a vomitar depois.

Mas o processo anoréxico já havia se instalado, e se tornaria cada vez mais severo.

– Acreditem em mim. É uma doença que adquire vida própria. A essa altura ela já quer comer, mas não pode.

As sessões de terapia familiar serviram para deixar tudo em pratos limpos.

– O tratamento trará à tona verdades difíceis e constrangedoras.

Mila está lançando o alerta. Seu corpo não quer mais ser abrigo para a corrupção. Acho que todos vocês vão ter de se purificar também. Quando a água está suja, é preciso lavar o filtro, e não o copo.

A ausência do pai foi um problema. O psiquiatra foi duro.

– Se admitirmos que o pai defende seu modo de ganhar dinheiro, que se recusa a admitir que o que faz é errado, o que Mila está dizendo é que está ingerindo o universo do pai mas não o está digerindo, por isso vomita. Está recusando o que o pai lhe dá.

Era uma característica comum à maioria das meninas anoréxicas que chegavam a seu consultório terem um pai bem-sucedido profissionalmente, cheio de responsabilidades fora do ambiente familiar, mas emocionalmente afastados delas. Mais cedo ou mais tarde as meninas encontravam uma maneira de conseguir a atenção deles, muitas vezes ficando doentes, ou se viciando em drogas, ou mesmo cometendo suicídio.

Uma vez, depois de uma daquelas sessões, Marcos falou com Isabel e Frédi em particular:

– Digam a Romeu que Mila precisa se ligar emocionalmente a ele nesse momento. Ela não ficará curada sem que as causas psíquicas sejam eliminadas.

– Ele insiste em que a gente procure outro psiquiatra – Isabel confessou. – Acha que tudo pode se resolver com algum remédio.

Marcos balançou a cabeça:

– O único remédio que posso receitar para Mila é comida. Se a depressão dela se agravar, podemos pensar em aumentar seus níveis de **serotonina** por meio de medicamentos. Mas isso só esconderia o problema. A anorexia é reincidente. Se não eliminarmos a causa básica, ela terá recaídas, durante anos, até que seu corpo não suporte mais as privações.

A **serotonina** é uma substância produzida no sistema nervoso que está intimamente relacionada aos transtornos afetivos e do humor. A maioria dos antidepressivos atua para que haja um aumento de produção dessa substância no organismo.

– Eu e minha mãe confiamos no senhor – disse Frédi, com os olhos cheios de água. – Já estamos tratando de mudar de vida. Papai vai acabar aceitando. Ele adora Mila.

***

Capítulo 9

Quem não quer uma tevê de 50 polegadas?

A teoria do psiquiatra pareceu se confirmar: Mila voltou a se alimentar.

O processo foi longo e doloroso. Ela precisava urgentemente de calorias para ganhar peso, mas rejeitava a comida, tinha dificuldade de deglutir, vomitou na cama várias vezes, as glândulas ao redor do pescoço incharam, e precisava colocar uma bolsa de água quente sobre o estômago para aplacar as dores e a dilatação que surgiam depois de cada refeição.

Porém, já não sentia a vontade incontrolável de forçar o próprio vômito. Encontrar a causa inconsciente que a fazia querer se livrar da comida ajudou-a a distinguir entre a que lhe davam no hospital, e a de casa, fruto do dinheiro sujo da corrupção. O alimento do hospital ela passou a aceitar, e a querer reter dentro de seu organismo. Cada garfada era um obstáculo vencido. E, aos poucos, foi conseguindo.

A cada dois dias a nutricionista acrescentava 300 calorias à sua dieta, divididas entre duas refeições e dois lanches. No final dos primeiros dez dias Mila já consumia mais de 2.000 calorias.

Começou a melhorar. A pele e os olhos adquiriram brilho, sentia vontade de caminhar pelo pátio sob o sol da manhã, pediu livros para ler.

Nas sessões de terapia familiar, Marcos acompanhava satisfeito a recuperação.

– Os pacientes com anorexia comum nunca têm essa melhora tão rápida. Como a preocupação delas é não engordar, são obcecadas com o acúmulo de gordura no corpo. Rejeitam toda e qualquer comida. Estamos vendo que Mila não sofre desse problema. Ela não tem vergonha da forma de seu corpo, mas do conteúdo.

Só uma coisa estava atrapalhando o processo: Romeu.

A situação o encostava na parede: reconhecer a causa da doença da filha seria admitir que seu dinheiro era sujo. Ele não concordava com isso. O que os outros chamavam de corrupção para ele eram apenas comissões ganhas em retribuição a favores.

Começara a vida como professor de biologia, fizera mestrado e doutorado, podia estar dando aula numa faculdade, mas não, preferiu oferecer um padrão de vida melhor à sua família, e era isso que recebia em troca.

A política tinha sido uma tendência natural. Desde a faculdade ele se metia em todas as manifestações, reuniões e chapas. Gostava de liderar. Acabou ajudando, já como biólogo, em uma campanha de vacinação, e conheceu o secretário de Saúde da época. Foi trabalhar no gabinete dele. Ficaram amigos. Chegaram as eleições para vereador. O secretário de Saúde apresentou-lhe um grande empresário do ramo farmacêutico, disposto a financiar sua campanha em troca de alguns privilégios fiscais na distribuição de medicamentos. Romeu topou, e assim entrou para a política.

Cumpriu o trato. Passou a obstruir na Câmara todos os projetos que visavam um maior controle fiscal nas farmácias. Outros setores empresariais o procuraram. Ele aprendeu rápido a administrar os favores, a cobrar por eles, a agir sem se comprometer, a distribuir o dinheiro de seu caixa dois pelas contas dos filhos, em bancos fora do país, em ouro e dólar.

Depois de dois mandatos como vereador, agora vinha sua grande chance: eleger-se deputado estadual. Tinha 44 anos. Estava preparado. Amigos poderosos. Dois empreiteiros, por exemplo, já haviam confirmado uma verba de campanha maravilhosa, em troca das obras de manutenção de estradas estaduais.

O que quer um político, afinal? Subir cada vez mais alto. Deputado federal. Por que não? Senador. Qual o problema? Presidente da República. E daí? Só queria ver se Isabel abriria mão do posto de primeira-dama por acreditar naquele psiquiatra de meia-tigela. Se ele fosse presidente, nenhum médico idiota diria na sua cara que ele era corrupto. Iam ver só. Até a Mila! Ela teria de engolir a comida que ele comprasse.

Se ele fosse deputado, armaria alguma e fecharia o hospital. Pagaria para acusarem o hospital de jogar lixo hospitalar na lagoa. É isso aí. Ninguém se metia a besta com Romeu.

Imagine se iria desistir de sua ascensão na política só porque a filha havia exagerado na dieta. Era só o que faltava.

Não estavam todos comentando como Mila estava melhorando nos últimos dias? Até engordara dois quilos. Pronto. Tudo ia se resolver. Ela voltava pra casa, continuava a comer como sempre, ele lhe dava um aparelho enorme de tevê de LCD. Queria só ver se ela não ia aceitar a tevê comprada com "dinheiro sujo". Ninguém rejeita uma tevê de 50 polegadas.

Médico hipócrita. Fazendo a cabeça da menina contra o pai. Afastando seu filho da campanha, justo agora quando mais precisava dele. Todos iriam ver. Seria eleito deputado estadual, para esfregar na cara deles que...

Foi com esse espírito que Romeu recebeu sua filha, quando ela voltou para casa.

***

CAPÍTULO 10

Panqueca corrupta

Os vinte dias em que sua filha ficou internada foram os piores da vida de Isabel. Ela praticamente não dormiu, consumindo-se pela culpa de não ter dado atenção a Mila, de ter falhado como mãe. Passou as noites de insônia com o rosto grudado no monitor do computador, em pesquisas obsessivas sobre anorexia e bulimia. Durante o dia, no hospital, confirmava a gravidade da doença convivendo com jovens em estado muito mais grave que o de Mila.

Por sorte, Isabel encontrou apoio no filho. Frédi compreendeu o risco de morte que sua irmã corria. Os dois se uniram para mudar as coisas. Tudo precisava estar pronto para quando Mila voltasse.

Frédi criou um tremendo mal-estar no gabinete do vereador a quem assessorava, Adão Carvalho, ao colocar sobre a mesa dele as chaves da caminhonete e os documentos de transferência assinados. Não contou toda a verdade. Disse apenas que tinha tido uma crise de consciência e que não podia aceitar aquele suborno.

Adão a princípio riu muito. Achou a piada do ano. Quando descobriu que Frédi falava sério, ficou muito desconfiado. Tinha de haver algo por trás daquilo. Mandou outro assessor vigiá-lo. Aquilo cheirava a duragem. Na certa, Frédi havia feito acordo com algum desafeto dele para incriminá-lo, por isso queria se livrar de provas contra si mesmo. Adão resolveu manter a caminhonete no nome de Frédi, e a escondeu na garagem de seu sítio.

Encargos trabalhistas são os impostos que o empregador deve pagar ao governo para garantir os benefícios do trabalhador. Por exemplo, a aposentadoria e o fundo de garantia por tempo de serviço. Muitas vezes, esses impostos deixam de ser pagos para diminuir os gastos do empregador. A carteira de trabalho e previdência social é um documento importante, pois nela são registradas informações que garantem os direitos do trabalhador.

E continuou achando as atitudes de seu assessor muito suspeitas quando Frédi passou a recusar todas as oportunidades de ganhar uma grana por fora. Encaminhava os pedidos de maracutaia para os outros assessores. Disse que passaria a receber apenas seu salário. Deu entrada num carro popular e ficou pagando prestações. Muito suspeito.

Isabel, por seu lado, ficou tão preocupada em fazer a coisa certa que nem estacionava mais o carro em local proibido, e começou a pagar todos os **encargos trabalhistas** da empregada doméstica e do jardineiro.

Mãe e filho sabiam que tinham muito trabalho pela frente. Moravam numa casa grande, no bairro do Cosme Velho, e, se quisessem encarar os fatos de frente, quase tudo o que os cercava era fruto da corrupção.

As torneiras caríssimas dos banheiros, as louças sanitárias, as banheiras de hidromassagem... presentes do dono de uma rede de materiais de construção para quem Romeu conseguiu um empréstimo do **BNDES** com juros muito abaixo do mercado. A piscina... Isabel intermediara um encontro entre um fabricante de piscinas e o secretário de Esportes, e o homem havia ganho da prefeitura, sem licitação, o contrato para construir

O Banco Nacional de Desenvolvimento Econômico e Social (**BNDES**) é um órgão do governo que oferece apoio financeiro para empreendedores que comprovam que os negócios por eles desenvolvidos serão úteis para o país, tanto na melhoria da competitividade dos produtos nacionais quanto na geração de emprego e redução da desigualdade social.

piscinas em dez escolas públicas. O empresário quis pagar uma comissão em dinheiro, mas ela achou melhor que ele fizesse uma piscina no jardim. E ele fez. Uma piscina linda, enorme. Isabel vivia alardeando como havia sido esperta, que tinham uma piscina graças a ela. Só agora se dava conta de que Mila raramente entrava nela. Não era só a comida daquela casa que vinha de dinheiro sujo.

Isabel e Frédi tiveram uma conversa franca com Mila na véspera da alta. Conscientes de como tudo na casa deles recendia a corrupção, era impossível "purificá-la" totalmente de um dia para o outro. Mas a partir daquele momento prometiam fazer isso.

O mais importante, porém, era a comida.

Para o psiquiatra, o processo de cura de Mila devia ser tão simbólico quanto sua doença, portanto eles deviam garantir à menina que a comida que serviam em casa vinha de fonte limpa. Não podia mais haver associação entre alimento e corrupção.

Tudo passou a ser feito às claras e explicado a Mila. Frédi e Isabel só comprariam os alimentos com dinheiro limpo. O irmão usaria seu salário de assessor, agora livre de "comissões", e Isabel vendeu um bracelete de ouro dado por sua mãe.

Foi assim que Mila encontrou seu lar quando voltou.

Tudo isso, é claro, deixou Romeu, que se sentia segregado dentro da própria casa, muito irritado.

Não o deixavam mais comprar comida!

Abrir a geladeira era como receber um tapa na cara.

Cada bife "limpo" era uma discriminação contra o dinheiro dele.

Não podia trazer nem um pãozinho.

– Comprei com meu salário de vereador!

– Nunca se sabe – Isabel balançava a cabeça. – O salário e a propina vão para o mesmo bolso, se misturam.

– Vocês estão ficando doidos!

Cada refeição era um afronta. Uma acusação. Uma **CPI**.

– Essa panqueca é pura, é? – ele implicava. – Gozado, tem o mesmo gosto da panqueca corrupta.

Mãe e filho se mantinham firmes, irredutíveis. O importante é que Mila continuasse comendo, como no hospital. O clínico geral, a nutricio-

CPI é a sigla de Comissão Parlamentar de Inquérito, um conjunto de membros do poder Legislativo reunidos para averiguar denúncias, a fim de proteger os interesses da população brasileira. Quando uma CPI é composta em conjunto pelo Senado e pela Câmara, ela recebe o nome de *Comissão Parlamentar Mista de Inquérito*. Mesmo nesse caso, ela é chamada pelos meios de comunicação e pelas pessoas em geral de CPI, em vez de *CPMI*.

nista e o psiquiatra foram unânimes quanto ao perigo da reincidência da anorexia.

Romeu tentava corromper:

– Querida, o dono da delicatéssen lá da esquina quer me dar um presunto defumado espanhol... Eu consegui colocar o ponto de ônibus na frente da loja dele, isso aumentou a freguesia. Foi só um favorzinho.

– Nem pensar.

Romeu teve de levar o presunto para seu gabinete na Câmara dos Vereadores. Aquilo já estava ficando ridículo. Decidiu passar a comer fora. Não precisava se submeter àquela maluquice. Tinha mais o que fazer. Uma campanha para deputado estadual. Não podia perder tempo com frescuras.

Mila também tinha um desafio pela frente.

Voltar para a escola.

***

RICHARD NIXON ACENA ANTES DE ENTRAR NO HELICÓPTERO QUE O LEVARÁ DA CASA BRANCA, APÓS SUA RENÚNCIA, EM AGOSTO DE 1974.

O caso Watergate

Em plena **Guerra Fria**, os Estados Unidos vivenciaram um escândalo de tamanho porte que ocasionou a renúncia do então presidente Richard Nixon: o **caso Watergate**. Em 1972, o edifício Watergate, sede do Partido Democrata, foi invadido por cinco homens. Inicialmente o caso foi tratado apenas como um roubo comum, mas descobriu-se uma rede de espionagem que envolvia o presidente Richard Nixon, do Partido Republicano. As investigações feitas por dois repórteres do jornal *Washington Post* revelaram que os invasores tinham como objetivo fotografar documentos e consertar escutas telefônicas que haviam sido colocadas no quartel-general do partido adversário a Nixon.

As investigações confirmaram o envolvimento do presidente no caso. Em 24 de julho de 1974, a Suprema Corte dos Estados Unidos exigiu que Nixon enviasse à justiça as gravações de suas conversas privadas. Ficou provado que ele sabia das operações ilegais contra a oposição e havia se empenhado em barrar a investigação, dificultando a ação da justiça. Iniciado o processo de *impeachment*, Nixon decidiu renunciar ao cargo.

A operação Mãos Limpas

Na Europa, o caso mais significativo e ilustrativo de combate à corrupção foi a operação *Mani Pulite* (Mãos Limpas), que ocorreu na década de 1990, na **Itália**. Essa operação consistiu na criação da força-tarefa anti-máfia, após o assassinato, em Palermo, dos juízes Giovanni Falcone e Paolo Borselino, em 1992, que apuravam crimes de colarinho-branco e lavagem de dinheiro.

Foi realizada uma grande investigação judicial sobre os casos de corrupção no governo italiano, na qual se apurou que a máfia tinha forte presença na construção civil e no monopólio de fornecimento de material para transporte rodoviário por meio de fraudes nas licitações estatais.

A máfia é uma sociedade criminosa secreta que se desenvolveu na primeira metade do século XIX, na Sicília. Os membros dessa organização praticam desde atos que envolvem o narcotráfico até a corrupção propriamente dita. Nessa região da Itália, o crime organizado controla as nomeações de cargos públicos, os processos de licitação e interferem no Judiciário.

Durante a operação *Mani Pulite* foram expedidos 2.993 mandados de prisão. Foram indiciados empresários, deputados, senadores e ministros, inclusive os ex-chefes de governo Giulio Andreotti e Bettino Craxi.

MANIFESTAÇÃO POPULAR NA ITÁLIA EM APOIO AO ENTÃO PROCURADOR DA JUSTIÇA ANTONIO DE PIETRO, UM DOS JUÍZES QUE CONDUZIU A OPERAÇÃO MÃOS LIMPAS (*MANI PULITE*), NA DÉCADA DE 1990.

Corrupção na antiga União Soviética

O sistema socialista também possui casos exemplares de corrupção, em grande parte fomentada pelo sistema altamente burocratizado.

Com todo o controle do Estado centralizado, a população da antiga **União Soviética** recebia alimentos pelo sistema de racionamento, em que um talão com uma cota mensal era trocado por produtos básicos. Mas, como a quantidade de alimentos distribuídos nem sempre supria as necessidades das pessoas, a solução encontrada pelos cidadãos era tentar obter mercadorias no mercado paralelo, pagando subornos aos funcionários que tinham acesso a esses produtos.

Desvio de recursos e pobreza na África

Outro exemplo de como a corrupção influi diretamente na condição de vida da população pode ser encontrado na **África**.

A pobreza do continente africano é gravíssima: 315 milhões de africanos vivem com menos de US$ 1 por dia. Com o intuito de amenizar a situação e fomentar o desenvolvimento da África, países desenvolvidos realizaram doações significativas: estima-se que o continente tenha recebido mais de US$ 1 trilhão (em valores atuais) ao longo de 50 anos, a título de ajuda internacional.

No entanto, a situação pouco melhorou nesse período. Isso porque, segundo um estudo realizado pela Universidade de Massachusetts, nos Estados Unidos, estima-se que, entre 1970 e 1996, os governantes dos países da África subsaariana desviaram US$ 187 bilhões dos governos para contas particulares no exterior.

A IMAGEM MOSTRA AS CONDIÇÕES PRECÁRIAS EM QUE VIVE GRANDE PARTE DA POPULAÇÃO DE NAIROBI, CAPITAL DO QUÊNIA. AS PRINCIPAIS CAUSAS DA POBREZA NESSE PAÍS AFRICANO SÃO A CORRUPÇÃO E A CONCENTRAÇÃO DE RENDA NAS MÃOS DE APENAS 10% DA POPULAÇÃO. A MAIOR PARTE DAS DOAÇÕES AO POVO DO QUÊNIA É DESVIADA PELA CORRUPÇÃO E 60% DA SUA POPULAÇÃO VIVE ABAIXO DA LINHA DE POBREZA, COM MENOS DE UM XELIM POR DIA (APROXIMADAMENTE R$ 0,03).

TRÁFICO DE INFLUÊNCIA ENVOLVENDO FRANÇA E ANGOLA

JEAN-CHRISTOPHE MITTERRAND, EM 2005, QUANDO FOI CONDENADO A 30 MESES DE PRISÃO CONDICIONAL POR FRAUDE.

Um importante caso de corrupção envolveu o ex-presidente da França François Mitterrand, do Partido Socialista Francês, que ocupou o cargo por 14 anos. Após a gestão de Charles de Gaulle, o estreitamento das relações **paternalistas** com as ex-colônias africanas havia se intensificado e, em 1981, o Partido Socialista (PS) assume o governo com a proposta de mudança na gestão dos negócios africanos, no sentido de uma maior moralização e profissionalização das relações entre Estados.

Todavia, o gabinete de François Miterrand era composto por funcionários que estavam acostumados com as relações paternalistas instituídas pelo antigo governo e muitos manipulavam os negócios do Estado por meio de redes de influência. O filho do presidente, Jean-Christophe Mitterrand, foi indicado para o Departamento de Cooperação Africana, de onde sairiam as diretrizes para uma nova política para o continente. Alguns meses depois de assumir o cargo, ele foi acusado de **tráfico de influência** em suas relações com os chefes africanos.

Jean-Christophe teria instituído práticas clientelísticas com os líderes africanos, baseadas em relações pessoais, com a conivência do presidente. A principal denúncia envolvia o filho do presidente em um negócio milionário comandado pelo franco-brasileiro Pierre Falcone, inclusive a venda ilegal de armas para Angola, por meio da empresa ZS Ozos.

Em 2005, Jean Mitterrand foi condenado a 30 meses de prisão condicional por fraude. As acusações foram de sonegação fiscal, envolvendo mais de 600 mil euros em transações que ocorreram entre os anos 1998 e 1999. O dinheiro omitido teria sido ganho em consultorias prestadas por Jean Mitterrand ao empresário Pierre Falcone, este, por sua vez, implicado em um escândalo mundial de venda ilegal de armas para Angola.

O tribunal francês acusou o filho do ex-presidente de ter recebido propina para estabelecer contato entre o regime angolano e Pierre Falcone, que, até então, não conhecia ninguém do alto escalão de poder de Luanda. O então presidente François Mitterrand teria recebido cerca de US$ 2,6 milhões, pagos por empresas fantasmas sob comando de Falcone. Esse escândalo ficou conhecido como Angolagate.

AMÉRICA LATINA: SIMILARIDADE NA CORRUPÇÃO

Assim como o Brasil, outros países da América Latina também têm em sua história muitos casos de corrupção.

No **Chile**, Augusto Pinochet, que tomou o poder por meio de um golpe de Estado em 1973 e permaneceu como presidente até 1990, foi acusado de diversos casos de corrupção, mas, como tinha imunidade política, era poupado de responder por seus crimes. Em 2004, foram descobertas contas secretas em seu nome, nas quais teria depositado mais de US$ 27 milhões. Foi comprovado ainda que ele havia sonegado impostos, os quais somavam mais de US$ 2,4 milhões. Membros de sua família também foram envolvidos no processo de enriquecimento ilícito: cerca de US$ 10 milhões de dólares da fortuna da família seriam provenientes do tráfico de armas.

Em outubro de 2004, a imunidade de Pinochet foi retirada pela Suprema Corte e ele pôde finalmente ser julgado e processado. Embora o ex-ditador tenha se declarado inocente, foi acusado por sonegação de impostos, omissão de bens, falsificação de instrumento público e de passaportes, além dos crimes de enriquecimento ilícito. Além disso, há suspeitas de que Pinochet tenha fraudado plebiscitos em seu favor, em 1978 e 1980. Em 1981, ele conseguiu, por meio dessa manobra fraudulenta, obter mais oito anos de mandato. Mas, em 1988, uma grande onda de protestos no Chile fez com que Pinochet tivesse que aceitar sua derrota em um referendo. Augusto Pinochet morreu em Santiago do Chile em dezembro de 2006. Em 2009, a viúva e cinco filhos do falecido ditador foram indiciados por corrupção com outras 17 pessoas.

No caso da **Argentina**, o Centro de Investigação e Prevenção de Criminalidade Econômica (CIPCE) estima que, entre 1980 e 2007, o país tenha perdido cerca de US$ 13 bilhões em corrupção. Nesse mesmo período, dos 750 casos que vieram à tona, apenas 3% acabaram em condenação. Além da impunidade, os julgamentos demoram, em média, 14 anos para serem concluídos. O governo do presidente Carlos Menem (1989-1999) sofreu inúmeras denúncias, entre elas a de que todos os ministros e secretários de seu governo recebiam US$ 50 mil por mês para votarem a favor de certas medidas que beneficiariam alguns grupos privados.

Sobre o governo de Cristina Kirchner, que assumiu o poder em 2008, também há suspeitas de conivência com a corrupção. Ela e o marido, Nestor, que também já foi presidente da Argentina, são investigados por terem aumentado seu patrimônio em 158% em 2008.

FOTO DO GENERAL AUGUSTO PINOCHET E SUA MULHER, ACOMPANHADOS DE MEMBROS DO CONGRESSO CHILENO, EM AGOSTO DE 2000. O DITADOR FOI ACUSADO DE TER PRATICADO INÚMEROS ATOS DE CORRUPÇÃO E CRIMES CONTRA A HUMANIDADE DURANTE SEU GOVERNO.

CORRUPÇÃO NO MÉXICO

Um dos casos de corrupção mais famosos no México, e que teve grande apelo na opinião pública internacional, foi o da **comuna de Oaxaca**. Oaxaca é um dos 31 Estados mexicanos, situado na região meridional do país. Em 2006, foram descobertos diversos episódios de desvio de dinheiro por parte do então governador do Estado Ulises Ruíz.

Oaxaca possui um Parque Nacional para o qual são destinados recursos do governo federal. Em 2006 constatou-se um atraso no repasse de cerca de US$ 4 milhões para os responsáveis dessa instituição. A investigação concluiu que o prefeito havia desviado o dinheiro para **fins particulares**.

A partir desse fato foram constatadas outras fraudes e acusações sobre desvio de dinheiro público, e foi então instaurado o processo de *impeachment* do prefeito.

Além desse caso, diversas denúncias de corrupção eleitoral emergiram no México em 2006. Em julho, por ocasião da eleição de Felipe Calderón do PAN (Partido Ación Nacional), a oposição, comandada pelo candidato derrotado Andrés Manuel López Obrador, levou muitas pessoas às ruas da Cidade do México em protesto contra a suposta **fraude eleitoral** que teria levado Calderón ao poder. Colocou-se em questão os resultados de apuração de votos em 45 das 300 regiões eleitorais do país. O jornal espanhol *El País* noticiou que em 18 mil centros de votação havia mais cédulas eleitorais do que eleitores registrados, e em 50 mil de um total de 130.788 locais de votação o número de votos computado foi superior ao de eleitores registrados. Diante do impasse, foi feita uma recontagem, mas as cédulas foram recontadas em apenas 2.600 dos mais de 130 mil locais de votação. Além desse indício de fraude, cerca de 2 milhões e meio de votos correspondentes a 11 mil urnas não foram computados nos resultados graças às supostas irregularidades em folhas de registro e erros de aritmética.

PROFESSORES E MEMBROS DE ORGANIZAÇÕES SOCIAIS LIDERAM MARCHA DE OAXACA ATÉ A CIDADE DO MÉXICO, PARA EXIGIR O *IMPEACHMENT* DE ULISES RUÍZ. NA FOTO, MANIFESTANTES EM PASSEATA NA CIDADE DO MÉXICO, 9/10/2006.

CORRUPÇÃO POLICIAL

É muito comum membros da polícia ficarem mais expostos a propostas de corrupção, justamente por terem a função de detectar, perseguir e denunciar infrações e crimes. São corriqueiros no dia a dia de policiais subornos e propinas vindos desde o motorista que cometeu uma infração de trânsito até o contrabandista que espera ser liberado "molhando a mão" do policial.

Ocorre que, muitas vezes, com a desculpa de que recebem salários baixos, alguns policiais se aproveitam de sua autoridade e, em vez de cumprir a função de proteger a população, cobram por esses serviços ou aceitam pagamento para liberar cidadãos que foram flagrados cometendo atos ilícitos.

Infelizmente, denúncias e flagrantes de **suborno** são bastante comuns no Brasil. A operação Gladiador, desencadeada pela Polícia Federal em 2007, mostrou que há muita corrupção entre agentes policiais. De acordo com as investigações, três inspetores da polícia foram presos por estarem vinculados à máfia dos caça-níqueis, ao contrabando de componentes eletrônicos e ao loteamento de delegacias.

CENA DA FILMAGEM FEITA POR DONA VITÓRIA, NOME FICTÍCIO DE UMA APOSENTADA DE 80 ANOS, MORADORA DE COPACABANA, QUE REGISTROU O ENVOLVIMENTO DE POLICIAIS COM O TRÁFICO DE DROGAS NA LADEIRA DOS TABAJARAS, ZONA SUL DO RIO DE JANEIRO.

Outro caso que ganhou bastante visibilidade, até mesmo na imprensa internacional, foi a filmagem feita por uma aposentada, da janela de seu apartamento no Rio de Janeiro, da polícia fluminense pedindo suborno aos moradores da favela e permitindo que o consumo de drogas ocorresse livremente em sua presença. A duração da gravação era de 33 horas.

A corrupção policial acontece também por meio da formação de milícias, fenômeno bastante comum nas regiões mais violentas. As milícias são grupos organizados por policiais que, fora do horário de trabalho, ou às vezes até durante o expediente, cobram dos moradores de comunidades para protegê-los. Assim, o cidadão paga por um serviço que lhe é assegurado gratuitamente por lei.

Segundo a Secretaria da Segurança Pública da cidade do Rio de Janeiro, em 2009, cerca de 200 das mil favelas existentes na capital fluminense estariam sob a proteção das milícias.

De acordo com relatos dos próprios moradores das comunidades, as milícias agiriam do seguinte modo: em um primeiro momento, elas expulsariam os traficantes da favela para proporcionar à comunidade uma falsa sensação de segurança. Logo depois, passariam a cobrar por essa segurança e também por outros serviços ilícitos, como a transmissão ilegal de televisão a cabo e transporte feito em veículos não autorizados. Quem não obedecesse aos parâmetros de bom comportamento impostos pela milícia seria punido de forma bastante violenta.

PORTÃO COLOCADO POR MILICIANOS NA ENTRADA DA FAVELA VILA JOANIZA, NA ZONA NORTE DO RIO DE JANEIRO. OS MORADORES AFIRMARAM QUE FORAM OBRIGADOS POR MEMBROS DE UMA MILÍCIA A DAR DINHEIRO PARA A CONSTRUÇÃO DA BARREIRA.

A polícia tem tentado várias iniciativas para inibir práticas como essas – uma delas, que vem apresentando bons resultados, é a criação, no Rio de Janeiro, de Unidades de Polícia Pacificadoras (UPPs). Essas unidades, em geral, são ocupadas por policiais novatos, ou seja, os que ainda não teriam sido corrompidos. Além disso, o policiamento local tem caráter permanente, para impedir que os traficantes expulsos retornem ao local.

CAPÍTULO 11

A Guerra do Paraguai não tem nada a ver

Ela estudava perto de casa, num tradicional colégio católico do bairro do Cosme Velho. Um prédio enorme, quatro andares, dezenas e dezenas de salas. Seus colegas eram todos filhos de famílias ricas, ou de classe média alta, que pagavam mensalidades caríssimas.

Pelos telefonemas de amigas que recebeu no hospital, sabia que a notícia de que tinha sido internada com anorexia se espalhara.

Não chegava a ser uma novidade. Em cada sala de aula pelo menos cinco ou seis meninas faziam dietas ultrarradicais. Todas, em algum momento, frequentavam os endereços na internet que incentivavam a anorexia e a bulimia, e pregavam que não eram doenças, mas estilos de vida, escolha. Sites que divulgavam que o limite diário na alimentação delas deveria ser de 400 calorias, menos do que recebiam os prisioneiros do campo de concentração de **Treblinka**, na Segunda Guerra Mundial. Natural que de vez em quando alguma fosse parar no hospital.

O campo de concentração de **Treblinka**, criado pelos nazistas durante a Segunda Guerra Mundial, localizado na Polônia, ficou conhecido devido às terríveis práticas de tortura e extermínio ali praticadas. A foto mostra a torre de vigilância e a cerca elétrica do campo de concentração de Auschwitz, também localizado na Polônia.

A internação de Mila, porém, causou estranhamento. Não era mesmo uma anoréxica típica. Não vivia falando em dieta, nem em emagrecer, não se achava uma leitoa depois de comer uma folha de alface.

Seja qual fosse o motivo, começou a apresentar os mesmos sintomas de uma anoréxica normal: irritabilidade, oscilações de humor, agressividade, dificuldade de concentração, fraqueza nas pernas, tendência ao isolamento; não frequentava mais os lugares onde as pessoas comiam, não ia à praia nem à piscina para não expor o corpo e perdeu completamente o interesse pelo sexo. Como havia lido num daqueles sites, "a libido é uma doença secretada pelos corpos de mais de quarenta quilos".

Não tinha namorado. Nem pensava no assunto. Parou de menstruar. Sentiu até um alívio. Com menos de 17% de gordura, o corpo da mulher para de menstruar. Com menos de 25%, deixa de ser fértil. Pronto. Era uma forma de ir deixando a humanidade pra lá. Ela não queria participar de um mundo tão errado, injusto e corrupto.

A mãe a deixou longe da portaria, para não precisar parar em fila dupla. Uma vez, para não ser multada, subornara com 50 reais o guarda de trânsito que ficava na frente da escola, diante da filha. Nunca mais faria aquilo.

Mila ficou um tempo parada, admirando a correria dos colegas para entrar, todos tão cheios de energia e alegria. Tão diferentes dela.

Logo foi engolida pelo turbilhão das colegas e arrastada pelas escadarias até a sala de aula. Todas queriam saber os detalhes da internação. Mila era a novidade do dia. Teve vontade de desaparecer.

Depois que o psiquiatra descobriu o motivo oculto de sua perda de apetite passou a detestar que pensassem que se tornara anoréxica por querer ser modelo, ou estar na moda. Não bastava ter sofrido o que sofreu, e ainda reforçar o estereótipo da patricinha fútil e ignorante que morre de fome para estar com o corpo na moda?

Foi ficando com raiva da imagem que estavam tendo dela.

A culpa era sua. Havia deixado que a considerassem uma anoréxica como outra qualquer, obcecada com o peso. Ao longo do ano, evitara festas, lanches, almoços, qualquer reunião que tivesse comida.

A análise do psiquiatra transformara o que parecia fútil numa questão moral e ética muito digna, e ali, na escola, descobriu que tinha orgulho do motivo que a levara à anorexia.

A raiva aumentou muito quando um grupo de meninas magérrimas, no primeiro intervalo, a cercou, cheias de admiração e reverência. Durante aquele mês que passara fora, virara um ícone para as anoréxicas e bulímicas do colégio. A garota que havia levado o ideal da magreza extrema às últimas consequências. Um exemplo a ser seguido.

Mila se livrou delas e foi ao banheiro.

Enfiou o dedo na garganta e vomitou todo o café da manhã.

Ficou apavorada. Uma recaída. Já não vomitava há duas semanas.

Chorou. Pensou em sua mãe e no irmão. Não podia fazer isso com eles.

Teve vontade de vomitar de novo. Era bom. Aliviava sua angústia.

Controlou-se.

– O que a impede de mostrar aos outros que está com raiva? – o psiquiatra lhe perguntara durante uma sessão. – Por que você acha que tem de esconder seus sentimentos?

Quando ela voltou ao pátio foi novamente cercada e bajulada. Recebeu convites para contar sua experiência em diversos blogs. A menina que foi internada, sobreviveu, e mesmo assim manterá sua crença inabalável de buscar a magreza absoluta.

Foi arrastada novamente para a aula.

A agitação em torno dela não parou, a ponto de o professor de História interromper a aula:

– Gente, eu sei que todos estão muito felizes com a volta da nossa amiga Mila, e que a Guerra do Paraguai parece não ter nada a ver num momento desses, mas eu preciso fazer o meu trabalho. Dá pra ficarem quietos?

– Professor...

– Sim, Mila. O que é?

– Desculpe interromper sua aula, mas eu queria falar uma coisa pra turma inteira. Posso?

– Certamente não tem nada a ver com a Guerra do Paraguai.

– Não tem não. Desculpe.

– Tudo bem. Fala.

Ninguém entendeu nada. Mila era uma das mais retraídas da classe. Nos últimos meses, então, seu espírito parecia estar murchando como uma planta trancada no armário.

Fizeram silêncio absoluto.

Ela levantou, percorreu toda a turma com um olhar decidido, e afinal declarou:

– Eu fui internada com anorexia, sim, mas não porque eu quisesse ser modelo, magra, nenhuma dessas bobagens. Eu emagreci porque me recusei a aceitar a comida que vinha da minha família. Eu parei de comer porque meu pai é corrupto!

***

Capítulo 12

Como assim?

A turma continuou em silêncio, boquiaberta, inclusive o professor, até que uma das meninas magras perguntou, um pouco indignada:

– Como assim?

– De repente me dei conta de que tudo que entrava na minha casa era comprado com dinheiro de corrupção. Dinheiro sujo. Aí associei isso à comida e perdi o apetite. Me recusei a ser cúmplice do meu pai!

A Guerra do Paraguai terminou. Nem o professor se lembrava mais dela. Mila foi bombardeada com perguntas. Um grupo ficou revoltado. Onde já se viu uma filha denunciar o pai daquele jeito? Uma parte aplaudiu. Aquilo é que era coragem. O restante se limitou a continuar de boca aberta.

O professor de História estava no grupo dos que aplaudiram a atitude da garota. Incentivou a discussão.

Ela se viu no centro das atenções. Respondia às perguntas, reagia, chegou a gritar contra as patricinhas que antes queriam transformá-la em símbolo da anorexia. Foram elas as mais furiosas. Como Mila se atrevia a conspurcar o sagrado ideal da magreza encontrando um outro motivo para a anorexia que não fosse querer estar na moda?

Entre os que a acusavam de trair a família havia certamente muitos filhos de corruptos, com a carapuça pesando em suas consciências. Ficaram indignadíssimos. Ela não podia expor a intimidade da família daquele jeito. O pai tinha direito a privacidade.

Mila respondeu a isso de uma maneira que surpreendeu até ela mesma:

– O dinheiro que meu pai desvia é público. Quando ele leva o dinheiro pra casa passa a ser privado?

A cada resposta ela percebia quanto havia pensado no assunto durante sua internação. Dava-se conta de que o motivo de sua doença era realmente muito sério. Não podia deixar que pensassem que queria ser modelo!

A discussão acalorou-se cada vez mais, até que o sinal tocou. O professor sentou, assistindo aos alunos saírem, todos com expressões afogueadas, motivados. Também impressionado com a atitude de Mila, foi tomar um café na diretoria. Havia uma reunião de professores na sala ao lado. Ele não resistiu. Entrou e pediu atenção:

– Vocês não sabem o que acabou de acontecer durante a minha aula...

Enquanto isso, no pátio, cada colega que presenciara a declaração de Mila se encarregava de contar a outros dez, que contavam a mais quinze, e assim por diante, até que no final daquela manhã toda a escola sabia que Romeu era corrupto.

Quando ela se deu conta do que tinha feito sentiu uma vontade avassaladora de vomitar. Mas não a deixavam um só minuto sozinha. Até quando se trancou no banheiro duas amigas a obrigaram a continuar conversando, do outro lado da porta, querendo saber sobre as falcatruas do pai dela. Mila se recusava a entrar em detalhes.

– Ele é corrupto. Pronto. Não vou contar nada. É. Corrupto em geral.

No meio da última aula ela pediu para ir ao banheiro. Um truque para afinal ficar sozinha e poder vomitar. Porém viu que três meninas entraram no caminho e se esgueirou pela parede lateral da quadra de basquete, passou pela porta que levava à casa do vigia, atravessou um buraco na tela de proteção do fundo da quadra de futebol de salão e chegou ao começo da pequena mata que havia nos fundos da escola.

Assim que se viu isolada, começou a chorar convulsivamente. Queria enfiar o dedo na garganta, mas a imagem da mãe sofrendo e do irmão segurando-a nos braços com os olhos cheios de água a impediam. A angústia tomava todo o seu corpo. Tremia. Se voltasse a vomitar, e não comesse, isso sim seria trair as pessoas que mais amava.

Mas não amava seu pai? É claro que sim. Era louca por ele! Sempre adorara Romeu. Sua mãe chegava a sentir ciúmes da relação dos dois.

Como podia ter feito isso com ele? Chamá-lo de corrupto. Agora toda a escola sabia. Traidora.

Ela precisava vomitar aquilo.

Enfiou o dedo na boca.

– Você tá passando mal?

Levou um susto enorme. Engasgou com o próprio dedo. Tossiu muito.

Era um menino alto, magro, de cabelos encaracolados e olhar sério. Ela o conhecia de nome. Gabriel. Era filho de um ator famoso e de uma executiva. Tinha fama de intelectual. Escrevia bem. Vivia metido com as atividades do grêmio. Nas últimas eleições para presidente da República tinha falado sem parar no candidato da esquerda, fez propaganda, colou cartazes. Era um ano mais velho que Mila.

– Não... só tos... tossindo... e tentando ficar sozinha um pouco...

– Desculpe. Eu queria muito falar com você. Acabei te seguindo. Foi mal.

– Tudo bem. É que eu tô meio abalada com o que aconteceu hoje.

– É sobre isso que eu quero falar. Sabia que eu tenho um site sobre corrupção?

– Ouvi dizer. Nunca entrei.

– Hoje você tomou uma atitude incrível, Mila. Impressionante!

– Foi?

– E me deu uma ideia. Eu queria conversar com você, com calma. Não aqui. Tem mosquito.

– É. Já tô toda picada.

– Você pode almoçar comigo?

Na hora ela pensou: "Esse cara é maluco? Isso é convite que se faça para uma anoréxica?". Mas respondeu:

– Tá.

Pegou o celular e avisou a mãe que chegaria mais tarde porque ia almoçar com um amigo.

Isabel não entendeu nada.

***

Capítulo *13*

De olho no pudim

No caminho até o restaurante Mila resumiu tudo que havia acontecido com ela, a anorexia, a internação, a descoberta do psiquiatra...

Era um restaurante a quilo, no final da rua das Laranjeiras. Ela começou a suar frio quando entrou e viu a quantidade enorme de comida. Teve medo dela. Quis ir embora. Mas Gabriel, à sua frente, encheu o prato de feijão-preto e pedaços de carne de porco, com um pouco de arroz por cima, erguendo uma feijoada tão alta que parecia uma montanha com o cume nevado.

Mila fez um prato leve, com salada e um filé de peixe, e rezou para conseguir comê-lo.

Sentaram numa mesa isolada, de frente um para o outro, e ela ficou constrangida diante do apetite monstruoso dele.

Gabriel começou a falar:

– Sempre achei que filhos de pais corruptos, se aceitam o dinheiro, são cúmplices, são corruptos também. Se o cara sabe que o dinheiro do pai vem de uma atividade ilegal e deixa que esse dinheiro pague suas contas, sua comida, suas roupas, a mensalidade da escola, é como se ele fizesse parte do esquema.

– Faz sentido.

– Em muitos lugares já pensam assim. Para combater a máfia, a Itália passou a considerar toda a família do mafioso que usava o dinheiro sujo como criminosa também, então o sujeito podia até fugir, mas prendiam a mãe dele, que morava numa mansão, sem ter renda pra isso. Acho justo.

– Eu também.

– Aqui no Brasil não, a gente vê a esposa do traficante andando de jatinho, frequentando lojas de luxo, sem nem ter emprego definido, e fica por isso mesmo. Lembra do escândalo das quentinhas dos presídios?

– Não.

– Um empresário sozinho ganhou a concessão da distribuição de quentinhas para todos os presos do estado. Sem licitação, claro. Só depois de vários anos foi condenado, porque superfaturava o valor das refeições, muitas vezes deterioradas. Acabou passando uns tempos atrás das grades. Terminou morrendo de um ataque cardíaco e o processo morreu ali. Durante todo esse tempo a mulher dele continuou morando na sua mansão da Barra da Tijuca e saindo nas colunas sociais coberta de joias.

Mila não sabia bem aonde Gabriel queria chegar. Já partira o aipo e o tomate em vários pedacinhos e os misturara, e agora admirava o efeito do vermelho com o verde, sem vontade de levar aquilo à boca. Ele nem notava, e continuava a falar e a comer com entusiasmo crescente:

– Se eu estou na cena do crime quando um amigo meu mata uma pessoa, sou acusado com ele. Posso receber uma pena menor, mas serei julgado como cúmplice. Vou pagar por não ter impedido o crime, ou por não ter denunciado o assassino. Vou ter de provar que não participei. Por que isso não acontece na corrupção? Não há como ser corrupto sem que a esposa e os filhos saibam.

– Ah é, não dá mesmo.

– Então esposa e filhos são cúmplices, como eu digo.

– Certo.

– No Brasil a corrupção ainda não é considerada um crime pra valer. A sociedade é muito permissiva. O povo no fundo acha esperto quem rouba.

– "Rouba mas faz."

– É isso aí. Você já ouviu alguém dizendo "mata mas faz"? Existe uma tolerância pra corrupção, como se ela não fosse um **crime hediondo**. Só que corrupção mata. Mata mais que o tráfico de drogas e o trânsito juntos. Mata em quantidade. A única diferença entre um ato de corrupção e um assassinato é que entre o corruptor e a vítima há uma porção de situações intermediárias, e um tempo maior. Por isso tem até gente que fala que a corrupção é um crime sem vítima. Um absurdo. A corrupção provoca mais vítimas que todos os crimes juntos.

O **crime hediondo** se diferencia dos outros crimes por ser classificado como mais grave. Entre os crimes considerados hediondos estão a tortura, o tráfico de drogas, o estupro e os homicídios. Diferentemente dos demais crimes, os hediondos são inafiançáveis, ou seja, o criminoso não pode responder ao processo em liberdade mediante o pagamento de fiança.

Ela resolveu tentar primeiro o peixe. Colocou na boca um pequeno pedaço e começou a mastigar. Não parecia mal.

– Pensa bem... em 2004, por exemplo, vinte bilhões de reais dos **orçamentos públicos municipais** foram desviados. Em vez de irem para o tratamento de esgoto, para a educação, para a saúde, foram parar no bolso do prefeito, dos vereadores, dos amigos deles... Quantos cidadãos morreram por não terem atendimento médico? Quantas crianças morreram de doenças provocadas pela contaminação da água? E as milhões de pessoas que não tiveram acesso à educação de qualidade e foram condenadas a um nível de vida inferior? Corrupção é crime. Crime hediondo.

Mila engoliu o pedaço de peixe e enfiou outro na boca.

– O político corrupto, por exemplo, é mil vezes pior do que o traficante de drogas. Comprar drogas é uma opção do usuário. O estado não me dá a opção de pagar imposto ou não. É "imposto". O dinheiro que eu dou pro estado é um contrato de prestação de serviços. E esses serviços representam vida ou morte para milhões de pessoas. Se alguém mete a mão nesse dinheiro isso é um crime, e um crime covarde, pior que um sequestro, porque o criminoso nunca fica cara a cara com a vítima.

Mila comeu o segundo pedaço de peixe, e começou a mastigar um terceiro. Teve vontade de enfiá-lo em um pouco de farofa.

– Na China corrupção dá pena de morte, sabia? – ele sacudiu o garfo, com uma linguiça na ponta.

O orçamento público é elaborado em três etapas: Plano Plurianual (PPA), Lei de Diretrizes Orçamentárias (LDO) e Lei Orçamentária Anual (LOA). Nessa última etapa é elaborado o **orçamento público municipal**, em que se definem todos os gastos previstos e aprovados pelo Legislativo e como será gasto o dinheiro em projetos públicos durante todo o ano.

– Isso aqui seria uma mortandade pior que a peste negra.

Gabriel riu. Ela comeu um pouco do aipo com tomate, e ele continuou falando:

– Concordo com você. A corrupção é o crime mais nojento que existe. Um copo de leite fruto de dinheiro de corrupção significa que roubaram esse leite de alguma criancinha pobre. Pode parecer bobo, mas é a verdade.

– É. Meu corpo percebeu isso antes que o meu cérebro. Meu corpo se recusou a ser cúmplice da corrupção da minha família. Agora que descobri qual era o meu problema, não paro de pensar no assunto e tô ficando cada vez mais indignada.

Levou um enorme pedaço de peixe à boca e o mastigou com raiva.

– Por isso falei que meu pai era corrupto no meio da aula de História. Corrupção é crime. Não quero ser cúmplice. Eu sei que as pessoas já comentavam. Meu pai é vereador. Político tem fama de corrupto. Mas ninguém me discriminava por causa disso. Ninguém me cobrava uma posição. Não importava para ninguém se meu pai era corrupto ou não. E eu sabia que ele era corrupto! Eu queria ser discriminada, sim! Eu queria que me cobrassem uma atitude contra ele! – ela comeu uma enorme porção de salada. – Fizeram a piscina lá de casa com dinheiro sujo. Minha mãe conseguiu um contrato sem licitação para um empreiteiro construir piscinas em escolas públicas. O cara superfaturou as obras. Com o mesmo dinheiro que o estado deu a ele, hoje o triplo de escolas teria piscina. Quantas milhares de crianças poderiam se desenvolver aprendendo a nadar? Quantos deficientes físicos minha mãe condenou à paralisia por não terem onde fazer fisioterapia? Quantos traficantes minha mãe formou, tirando deles uma atividade saudável na infância e a vontade de ir pro colégio? Aí, quando um garoto encosta uma arma na cabeça dela pra roubar um celular ela fica revoltada! E o pior é que ela conta pra todo mundo como conseguiu a piscina. Sabe qual a reação das pessoas? Alguém se indignou, ou quis denunciar a minha mãe? Não. Querem é dar um mergulho.

Mila parou de falar e olhou para o prato. Havia comido tudo. Ficou com medo de vomitar. Mas não tinha vontade de fazer isso. Na verdade, estava de olho num pudim de leite.

***

CAPÍTULO 14

Nietzsche e a causa primeira

Ela agora estava diante de um imenso pedaço de pudim, um desafio em forma de ilha triangular cercada de calda de caramelo por todos os lados. Gabriel afinal contava sua ideia:

– Eu queria colocar o que você fez hoje no meu site, como exemplo, pra que outros alunos da escola fizessem o mesmo.

– Será?

– Sempre pensei nisso, mas nunca tive coragem de propor. É muito radical. Mas hoje você deu a partida no processo. Mexeu com alguma coisa que já estava no ar. Pensa bem, a gente estuda num dos colégios mais caros do Rio de Janeiro. Nossos amigos são filhos de empresários, deputados, delegados de polícia, altos funcionários públicos, advogados de escritórios importantes... imagine quanto dinheiro sujo não rola nessas famílias. A sua não é uma exceção.

– Obrigada – Mila riu, e resolveu enfrentar o pudim com uma colherada farta.

– Se o seu exemplo for seguido...

– Nenhum professor vai conseguir mais dar aula...

– Pra isso existe o meu site.

– Você acha que os filhos vão denunciar os pais? Difícil. Eu fiz isso porque sou maluca. Meu pai vai me matar quando souber.

– Por isso o seu exemplo foi importante. Um ato de coragem. Foi dada a largada. Não dá pra deixar passar o que você fez. Primeiro vou escrever um texto... deixar claro que corrupção é crime, e que quem usa o dinheiro é cúmplice. Depois deixo um espaço para as denúncias. Os filhos sabem quando os pais são corruptos.

– Os meus conversavam sobre isso durante as refeições... – ela já estava na metade do pudim.

– Quem quiser pode ficar no anonimato.

– Assim acredito que vai funcionar.

– Não sei não, acho que muita gente vai querer dar a cara a tapa. Colocar até foto. Nem que seja pela celebridade. Viu o sucesso que você fez hoje? E se prepare, vão falar disso ainda por muito tempo.

– Tô apavorada.

E com fome. Ela havia decidido se entupir de comida. Depois com certeza vomitaria, mas não ficaria com a consciência muito pesada; certamente algo restaria em seu estômago depois daquela orgia calórica.

Ele riu quando ela voltou com um pedaço de bolo do tamanho de um tijolo maciço.

Antes de levar uma enorme garfada à boca, Mila perguntou:

– Por que você é tão ligado nesse lance de corrupção?

– Meu pai é ator...

– Eu sei.

– Quando eu tinha quinze anos ele fez um monólogo sobre uns textos de **Nietzsche**. Tinha uma frase que dizia que as pessoas sempre lutavam contra as consequências, e não contra as causas. Aquilo nunca saiu da minha cabeça. Passei um tempão pensando que se um dia eu descobrisse a causa de tudo de ruim que eu via a minha volta eu lutaria contra isso, ia descobrir uma razão pra estar vivo. Acho que descobri.

– A corrupção.

– É. Vou te dar um exemplo. Imagine se a corrupção não existisse na política. A impunidade acabou. As leis são pesadíssimas, a sociedade usa todos os mecanismos de fiscalização, o Ministério Público não deixa passar nada, as famílias corruptas são segregadas... bom, sabendo que não pode roubar, o sujeito mal-intencionado não vai querer ser político.

– É.

– Olha hoje em dia. De repente a maioria entra pra política só porque pode roubar. E ainda tem imunidade parlamentar! A carreira política atrai justamente os corruptos. Desculpe.

Friedrich Nietzsche (1844-1900) (foto), filósofo alemão que marcou a história da filosofia ao ir contra todo o pensamento definido até então. Uma de suas críticas mais famosas é em relação à moral, ao questionar os ideais como o bem e a verdade.

– Fique à vontade. Meu pai é corrupto mesmo. O colégio todo sabe.

– Com tanto político corrupto, é natural que nada funcione direito. A corrupção atinge principalmente os pobres. Se o cara desvia o dinheiro do fundo de educação dos municípios, por exemplo, o garoto fica sem escola e acaba entrando pro tráfico. Aí, qual é a causa de ele ter virado bandido? A falta de escola? Não. A falta de escola também é consequência. A causa da falta de escola foi a corrupção. Então o tráfico de drogas é causado pela corrupção. Tá entendendo?

Mila concordava profundamente com Gabriel. Aquilo não era radicalismo. Era a pura verdade. Seu pai era um criminoso.

Ela mastigava o bolo com raiva, e engolia pedaços enormes, deliciosos.

– Sabe que existe um dia internacional contra a corrupção? – ele continuou. – Nove de dezembro.

– Nessa época meu pai começa a receber cestas de Natal, uma mais cara que a outra, de todos os corruptores que ele ajudou no ano. Ano passado eu já não quis tocar em nenhuma. E pensava que fosse dieta...

– Quero criar no meu site um movimento nacional contra a corrupção, todo nove de dezembro. Nesse dia todos os cidadãos com computador do Brasil vão entrar nos **órgãos anticorrupção**, que são muitos, para pesquisar o que foi feito com o seu dinheiro.

– As pessoas não sabem como fazer isso...

– É uma das coisas que eu explico no meu site. Existe uma lista de endereços lá. O **Portal da Transparência**, por exemplo.

– Você encontrou mesmo um propósito na vida.

– Acho que sim. Melhor que me drogar, ou entrar para um fã-clube.

Riram.

– Você tá nessa comigo? – ele perguntou.

– Nessa qual?

– Se expor no meu site. Escreve contando tudo o que aconteceu, o que você me disse quando a gente vinha pra cá. É uma história linda.

Mila olhou para os três pratos vazios à sua frente. Estava mesmo na hora de saber lidar com o problema da corrupção do pai sem ser vomitando.

– Tá legal, Gabriel. Tô dentro. Vamos fundo. Corrupção é crime.

***

Na luta contra a corrupção, além do importante papel desempenhado pela imprensa e pelos órgãos governamentais, existem as organizações não governamentais (ONGs), como a Transparência Internacional e o movimento do Voto Consciente. As pessoas que atuam em **órgãos anticorrupção** como esses têm um papel fundamental de vigilância e denúncia dos possíveis focos de corrupção no país.

PORTAL DA TRANSPARÊNCIA do Governo Federal

No site **Portal da Transparência** estão disponíveis dados sobre o uso dos recursos financeiros pelo Governo Federal. O acesso às informações é aberto a todos os usuários, o que aumenta a transparência da gestão pública e, por meio do controle social, ajuda-se a combater a corrupção.

Capítulo *15*

A lasanha da paz

Mila ainda ficou um tempo conversando com Gabriel, e acabou chegando em casa no meio da tarde. Feliz, abraçou a mãe e chorou. Pela primeira vez, em mais de um ano, sentira fome.

Não comera culpada, por obrigação, por causa das calorias ou para deixar a família tranquila. Não. Fora simples e pura fome.

Tinha vontade de sair voando de alegria e queria comemorar preparando uma lasanha para o jantar.

Isabel ligou para o gabinete de Romeu pedindo que ele viesse comer em casa aquela noite, isso seria importante para a filha.

Mila contara para a mãe apenas uma parte do seu dia. Escondeu toda a confusão no colégio, e o papo com Gabriel. Não queria estragar a comemoração pela volta de seu apetite. E também não sabia como comunicar ao pai que todo o colégio agora sabia que ele era corrupto.

Às oito e meia da noite estavam os quatro em volta da mesa, diante de uma enorme travessa de lasanha fumegante.

Mila estava tensa. Tinha medo da comida. Não confiava ainda em seu apetite. Ele podia falhar, e então aquele enorme volume de massa e carne moída se transformaria numa indagação metafísica a respeito do que levava os seres humanos a cortar os bois em pedacinhos e enfiá-los entre placas de trigo.

Mas o apetite estava lá!

Cortou a lasanha como se fosse um bolo de aniversário, e serviu o primeiro pedaço a seu pai, num claro gesto de reconciliação, em nome da paz.

Com sua insensibilidade natural, Romeu perguntou:

– Essa lasanha é pura ou corrupta?

– Puríssima – Mila riu.

– Comprei com o meu dinheiro – disse a mãe, rindo também.

Começaram a comer e a elogiar. Mila colocou um grande pedaço em seu prato, e sentiu, maravilhada, que o apetite não falhara. Mastigou, engoliu e achou delicioso. Trocou com a mãe olhares cheios de carinho e esperança.

Romeu devia ter parado a brincadeira, mas o bom humor das duas o incentivou:

– Achei que, do jeito que você estava sendo rigorosa com a pureza da comida, sua mãe ia ter de voltar a alimentar você pelo cordão umbilical.

– O senhor quer dizer que minha atitude é infantil?

– Não se pode nem brincar?

– O que aconteceu com ela não foi brincadeira, querido – a mãe ficou aflita.

– Eu sei. Eu sei. Mas também não precisamos fazer disso uma tragédia. Você está melhor, não é, filha? Viu? Foi só uma fase que...

– O senhor acha que o problema foi meu? Que eu vou "melhorar"?

– Ué? O problema foi de quem?

– Foi de toda a família – Isabel tentava colocar panos quentes. – Gente, vamos nos concentrar na lasanha.

Frédi só observava, calado, com uma expressão enigmática.

– É melhor mesmo – Romeu continuou brincando. – Ou vamos transformar esse jantar em mais uma terapia familiar.

– O senhor acha que resolve o problema me tratando como criança?

– Mila, pare com isso... – Isabel pediu.

– Com 16 anos naturalmente não é uma adulta – Romeu não tirava aquele sorriso condescendente do rosto, e isso irritou Mila cada vez mais.

– Minha luta contra a corrupção é uma infantilidade?

– Minha filha, quer falar sério? É, como adultos... não faça essa cara... quando você crescer vai me dar razão, vai ver que é impossível ganhar a vida sem fazer pequenas concessões. O Brasil tem a cultura dos 10%, entende? Não é possível realizar quase nada sem uma comissãozinha por baixo do pano. Isso não é nada de mais. E não é só na política não. Entre as empresas. Até as igrejas. Se você soubesse o *lobby* que os católicos têm dentro do Congresso para se manterem livres de impostos e continuarem recebendo **foros e enfiteuses** por suas propriedades...

A **enfiteuse** é o mesmo que aforamento e ocorre quando um proprietário atribui a outra pessoa o direito de uso de um imóvel, recebendo da pessoa que o adquire uma pensão (ou **foro**) anual.

Isabel viu que a filha parara de comer. Romeu mastigava, engolia e falava:

– Quando você for adulta vai entender que o mundo lá fora é uma selva. Quem não devora é devorado. Uma grande obra, por exemplo, um viaduto, é como uma zebra. Depois que um leão a derruba, os outros correm para ver se conseguem ao menos um naco. Eu confesso que sempre consigo um naco... – ele sorriu. – É uma questão de sobrevivência.

Isabel viu que Mila havia largado os talheres.

– O senhor acha isso legal?

– Pode não ser muito "legal" de "dentro da lei". Mas é "legal" de "bacana". Ah, filha... na sua idade eu também sonhava com um mundo ideal. Mas isso não existe. O que existe é o mundo real.

– O que o senhor faz não é errado?

Isabel via a filha dar corda para o pai se enforcar.

– O que é certo e o que é errado? Tudo é relativo – ele riu. – Eu posso pensar, por exemplo, que a tal "corrupção" faz até bem à economia, porque reduz a burocracia. 10% no meu bolso e o governo não precisa gastar nada com processos de licitação, por exemplo, e poupa uma papelada danada.

– Eu queria muito que vocês mudassem de assunto – Isabel ainda tentou.

– Não é errado desviar dinheiro público para o interesse privado, como o senhor faz?

– Como privado? Eu não distribuo pra vocês? Não pago os empregados? Até que fico com pouco pra mim – ele não a levava a sério. – O que eu faço é uma espécie diferente de **distribuição de renda**. Mas o dinheiro continua circulando. E você, Frédi, não fala nada? Agora que passou pro lado das mulheres tá sempre calado...

– Pedi demissão hoje!

– VOCÊ O QUÊ?!

O modo como o dinheiro que circula no país é distribuído entre a população é chamado de **distribuição de renda**. No Brasil, essa distribuição é reconhecidamente um problema, já que a maior parte da renda está concentrada na mão de uma pequena parcela da sociedade. Um dos critérios que qualificam os países como desenvolvidos é uma distribuição de renda mais justa. Romeu usa o termo "distribuição de renda" para tentar justificar que usa bem o dinheiro ganho por ele de maneira ilícita.

***

Capítulo 16

As aventuras de Hood Robin

Todos olharam para ele, muito espantados.

– Não sou mais assessor daquele safado do Adão – Frédi desabafou.

– Como assim? – Romeu deu um tapa na mesa. – Sem falar comigo?! Você sabe que fui eu que...

Frédi falou, olhando para a irmã:

– Mila, meu emprego também era maracutaia. Já ouviu falar em contratação cruzada?

– Não...

– O pai não pode contratar o próprio filho como assessor, isso é nepotismo, é corrupção, então combina com outro vereador e um contrata o filho do outro. O filho do Adão, pra quem eu trabalhava, é assessor de imprensa do papai.

– Mas que diabo! – Romeu gritou. – Devia é me agradecer! Com essa crise de emprego, você quer que eu arranje emprego pra quem? Pra um desconhecido?

– Mila – Frédi continuou falando com a irmã, como se o pai não existisse –, o certo seria estabelecer concursos públicos para preencher todos os chamados "cargos de livre provimento", quer dizer, os que não dependem de eleição popular. Nenhum político poderia mais nomear ninguém para cargo público sem concurso.

– Você quer acabar com a política?! – Romeu jogou os talheres sobre o prato.

Ninguém mais comia lasanha.

– Vou terminar a faculdade de direito – o irmão continuou a olhar para a irmã, os dois com os olhos cheios de água. – Quero entrar para o Ministério Público. E uma das causas pelas quais vou lutar é essa do concurso público para todos os cargos do governo. Até para presidente da República!

– Legal, cara!

– Maninha, obrigado. De verdade. Você deu um rumo na minha vida.

Frédi levantou e foi para o quarto.

– Mas o que deu nesse menino? – Romeu estava fora de si. – Ficou louco também?!

– Romeu! – foi a vez de Isabel gritar.

– Eu posso ser louca, pai, mas o senhor é pior! – Mila gritou ainda mais alto. – O senhor é um criminoso!

– O quê?! – Romeu socou a mesa.

– Corrupção é crime! Corrupção é crime!

– Pare, Mila! Por favor! – a mãe segurou a mão da filha, que tremia muito.

– Me respeite ou te dou um tabefe!

– Romeu! Que é isso?!

– O senhor não tem moral para que eu o respeite! – Mila disse isso já de pé. – O senhor é um criminoso! O senhor rouba dos pobres! Tira leite e educação das crianças! Um Robin Hood ao contrário! Um Hood Robin! Tira dos pobres pra dar pros ricos! Acha que eu sou maluca? Não, eu não sou é cúmplice! Se o senhor fosse um ladrão, um sequestrador, um traficante, um assassino... todo mundo acharia certo que eu recusasse o seu dinheiro! Pois eu acho que um corrupto é pior que todos esses juntos!

Não pôde continuar. Um choro convulsivo tomou conta dela e correu para se trancar no quarto.

– O que deu nessa família, meu Deus? – Romeu enterrou o rosto nas mãos.

– Você está doente, querido – Isabel passou a mão na cabeça do marido.

– Ah, "eu" sou o doente aqui?!

– Está doente, e levando nossa filha a adoecer.

– Ela é que é culpada por todo esse transtorno! Estava tudo indo bem até ela começar essas malditas dietas.

– O psiquiatra tinha razão – ela se sentia estranhamente calma, agora que conseguia dizer isso para o marido. – Uma pessoa sadia mentalmente não pratica corrupção. É um transtorno de personalidade. Uma psicopatia.

– Aquele filho de uma...

– Querem satisfação imediata de seus desejos. Não sentem culpa. Não levam o outro em consideração. Não prestam atenção às necessidades alheias. Você não está prestando atenção nem à vida da sua própria filha!

– Pare com essa besteira!

– A doença da Mila foi a coisa mais importante que aconteceu nessa família, e você não está vendo. Mas a decisão agora é sua. Eu e o Frédi estamos fazendo a nossa parte. Agora cabe a você se aproximar dela profundamente, e salvá-la. Porque eu acho, Romeu, e você nem imagina com que dor eu digo isso, que a nossa filha corre um grande risco de morrer, ou até de se matar se você não...

Isabel também não conseguiu terminar. Começou a chorar e levantou-se da mesa.

Romeu ficou falando alto, sozinho:

– Vocês querem o quê? Que eu diga "olha, eu não posso aceitar essa grana porque senão minha filha para de comer"? Vão rir de mim. Vão querer me internar num hospício. Não entendo! Como uma pessoa pode perder o apetite por uma bobagem dessas? Diabo. Isso tinha de acontecer comigo? Logo agora? Em campanha pra deputado? Conheço tantos filhos de pais corruptos que levam uma vida normal. É uma injustiça.

Revoltado, serviu-se de um pedaço enorme de lasanha.

Mas ficou olhando para o prato, sem vontade de comer, com um nó na garganta.

Isabel bateu à porta do quarto de Mila, aflita. A filha atendeu com voz calma:

– Tá tudo bem, mãe. Só quero ficar um pouco sozinha. Tá tudo bem mesmo, juro.

A mãe não insistiu, respeitou, e se afastou com o coração apertado.

Assim que entrara no quarto, Mila tinha corrido para o banheiro e vomitado toda a lasanha. Quando sua mãe bateu à porta conseguiu disfarçar. Depois se encolheu na cama e chorou muito, sentindo uma angústia tão profunda que passou por sua cabeça que só morrendo aquilo iria passar. Pensou em pular da janela.

Ficou tão apavorada com esse pensamento que deu um pulo e sentou na borda da cama, com a respiração entrecortada.

Lembrou-se, então, da frase do psiquiatra: se a água está suja, tem de limpar o filtro, e não o copo. Sentiu raiva. Matar-se seria limpar o copo. Ligou o computador, disposta a fazer o que Gabriel havia proposto.

Texto e foto.

Limpar o filtro.

E nada de anonimato.

***

CORRUPÇÃO E ELEIÇÃO NO BRASIL

A primeira eleição nas terras que posteriormente receberiam o nome de Brasil ocorreu em 1532, quando os habitantes da Vila de São Vicente, no litoral de São Paulo, elegeram os membros que comporiam o conselho administrativo. Desde então, durante quase 300 anos, os brasileiros só puderam escolher os representantes dos municípios.

Em 1821, foram eleitos 72 representantes brasileiros junto à corte portuguesa. Naquele tempo, os eleitores eram os homens livres e o voto era censitário, ou seja, só podiam votar as pessoas que tinham determinada renda. Não existiam partidos políticos, o voto não era secreto e, apesar de os analfabetos poderem votar, a maioria da população, composta por negros escravizados, não tinha esse direito. As mulheres também não podiam eleger seus representantes.

Com a Independência do Brasil, em 1822, dom Pedro I ordenou a elaboração da **primeira lei eleitoral brasileira**. Essa lei foi usada durante a escolha dos deputados e senadores que fariam parte da Assembleia Geral Constituinte de 1824.

No Brasil-império, de 1822 a 1889, o alistamento de eleitores era feito a partir da classe econômica, assim somente quem possuísse uma renda mínima estipulada pelo governo poderia participar do processo eleitoral. A aceitação de futuros eleitores dava-se com base em uma listagem elaborada e examinada por uma comissão, que

ESTA CHARGE, DO CARTUNISTA STORNI, PUBLICADA NA REVISTA *CARETA*, EM 1927, ILUSTRA BEM A SITUAÇÃO CHAMADA DE "VOTO DE CABRESTO", AO MOSTRAR UM POLÍTICO CONDUZINDO O ELEITOR PARA VOTAR.

também julgava os casos declarados suspeitos. Enfim, havia liberdade para se considerar eleitor quem fosse de interesse da comissão.

Além disso, havia o voto por procuração, no qual o eleitor transferia seu direito de voto para outra pessoa. Nessa época, não existia título de eleitor e as pessoas eram identificadas pelos integrantes da mesa apuradora e por testemunhas. Portanto, era muito comum que fossem contabilizados votos de pessoas mortas, crianças e moradores de outros municípios. O voto por procuração só foi proibido em 1842.

O **título de eleitor** foi instituído em 1881, por meio da chamada Lei Saraiva. Mas não adiantou muito: os casos de fraude continuaram a acontecer porque o documento não tinha foto para identificação do eleitor e muitos títulos eram falsificados.

Depois da Proclamação da República, em 1889, o voto ainda não era direito de todos. Mulheres, analfabetos, mendigos, soldados rasos, indígenas e integrantes do clero, além de menores de 21 anos, não tinham direito ao voto.

O voto direto para presidente e vice-presidente foi instituído pela Constituição Republicana de 1891, e Prudente de Morais foi o primeiro a ser eleito diretamente pelo povo brasileiro.

O período da Primeira República, que vai do final do Império até a Revolução de 1930, foi marcado por eleições ilegítimas, cheias de fraudes, compras de votos, votos fantasmas, troca de favores e violência. Nessa época, o voto ainda não era secreto. Então, era muito comum o chamado "**voto de cabresto**": os ricos fazendeiros, também chamados de coronéis, usavam seu poder para obrigar as pessoas mais simples a votar nos candidatos que eles apoiavam. Outra forma constante de eleger o candidato era o voto comprado, transação comercial em que o eleitor "vendia" seu voto ao candidato. A maneira mais pitoresca relatada nesse período foi o voto pelo "par de sapatos". No dia da eleição, o votante ganhava um pé do sapato e, somente após a apuração das urnas, o coronel entregava o outro pé. Caso o candidato não ganhasse, o eleitor ficava com o pagamento incompleto.

A fraude era tamanha que muitas vezes os registros que certificavam os resultados das eleições eram preenchidos antes mesmo que a votação se realizasse. Essa manobra ficou conhecida como eleições "bicos de pena".

Apenas no início da década de 1930 é que o voto passou a ser secreto e as mulheres conquistaram o direito de votar. Mas esse período de liberdade foi curto: em 1937 Getúlio Vargas deu um golpe de Estado, declarou o Estado Novo e só em 1945 os brasileiros voltaram a exercer seu direito ao voto.

Após a Segunda Guerra Mundial, o presidente Vargas foi forçado a permitir que novas eleições fossem convocadas e os partidos políticos se reorganizassem. Em dezembro de 1945, o general Dutra foi eleito com quase 55% dos votos. Dessa vez, foram usadas cédulas eleitorais impressas com o nome de apenas um candidato, que eram distribuídas pelos próprios partidos. Só em 1955 a Justiça Eleitoral ficou encarregada de produzir as cédulas. Para diminuir as fraudes, começou a ser exigida a foto no título eleitoral. Com a informatização, o uso de fotos nos títulos foi abolido.

A campanha eleitoral de Jânio Quadros, em 1960, tinha como base a promessa de acabar com a corrupção no Brasil. Para tanto, ele adotou uma vassoura como símbolo de sua candidatura: varreria do país toda a corrupção e seus praticantes. A expressiva vitória alcançada por Jânio, com 48% dos votos, pode ser explicada, pelo menos parcialmente, pela boa receptividade dessa campanha anticorrupção.

No entanto, uma série de medidas contraditórias propostas por Jânio o levaram ao isolamento político e ao pedido de renúncia. Na verdade, com essa atitude ele esperava criar um fato político para fortalecê-lo, pois acreditava que os militares não deixariam seu vice, João Goulart, assumir, uma vez que era considerado comunista por alguns setores das forças armadas. Jânio esperava que o povo saísse às ruas para reconduzi-lo ao poder. Mas isso não aconteceu e João Goulart tornou-se presidente.

Nos primeiros anos da década de 1960, a sociedade brasileira apresentava evidentes sinais de organização: grupos estudantis se fortaleciam, participando do processo político e cultural nacional; a igreja manifestava seu compromisso com as causas sociais, dando espaço para a criação de grupos como a Juventude Operária Católica (JOC); os sindi-

JÂNIO QUADROS SENDO RECEBIDO POR SEUS CORRELIGIONÁRIOS EM SANTOS, EM 1959. A VASSOURA SIMBOLIZAVA A MAIOR PROMESSA DA SUA CAMPANHA: VARRER A CORRUPÇÃO DO PAÍS.

EM JULHO DE 1968, ENTIDADES CLANDESTINAS DE ESTUDANTES CONVOCARAM UMA MOBILIZAÇÃO POPULAR CONTRA O REGIME MILITAR. A MANIFESTAÇÃO FICOU CONHECIDA COMO PASSEATA DOS CEM MIL, E ACONTECEU NO CENTRO DO RIO DE JANEIRO. NA FOTO, VLADIMIR PALMEIRAS, DIRIGENTE DA UMES (UNIÃO MUNICIPAL DOS ESTUDANTES SECUNDARISTAS), DISCURSANDO DURANTE A PASSEATA.

catos buscavam independência e autonomia na luta por seus direitos; no campo, movimentos rurais, como as Ligas Camponesas, eram organizados.

Essa efervescência era evidente quando milhares de pessoas compareciam aos comícios. Foi nesse contexto que Jango, como era conhecido João Goulart, assumiu o poder. Em 1963, ele lançou o **Plano Trienal**, programa de estabilização e crescimento econômico do Ministro do Planejamento Celso Furtado, além de apresentar ao Congresso o programa Reformas de Base, com propostas de reforma agrária, tributária e educacional.

Mas, apesar do apoio de vários setores populares e partidos, que o pressionavam a adotar medidas radicais, Jango tinha muitos oponentes, como os membros do Instituto de Pesquisas e Estudos Sociais (Ipes) e do Instituto Brasileiro de Ação Democrática (IBAD), financiados por empresários brasileiros e dos Estados Unidos. Esses órgãos financiavam campanhas de parlamentares e participavam de órgãos da imprensa contrários ao governo.

De um lado, Jango era pressionado pelos setores populares e reformistas da classe média e da elite que queriam que as reformas fossem feitas sem demora; de outro, por grupos que temiam as reformas, como políticos de direita e líderes das forças armadas. Quando o desejo de reforma chegou aos quartéis das forças armadas e os sargentos começaram a exigir melhores salários, a reação da direita foi articular o **golpe militar** que derrubaria João Goulart. O país passaria, então, a ser governado por uma série de presidentes militares escolhidos de forma indireta. Ou seja, depois do golpe militar de 1964, o voto direto para presidente da República foi novamente proibido, assim como para governador, prefeito e senador. Os eleitores só podiam eleger os deputados federais, estaduais e vereadores.

Em 1968, o Congresso foi fechado e diversos parlamentares perderam seus direitos políticos. Vários partidos foram extintos. Só havia dois partidos: a Arena, que reunia partidos do governo, e o MDB, no qual se reuniam os candidatos da oposição. Só em 1985 o Brasil elegeu seu primeiro presidente civil após o Golpe de 64: Tancredo Neves. A votação foi indireta, mas marcou o fim do Regime Militar e o início da redemocratização do país.

CORRUPÇÃO ELEITORAL NA SEGUNDA METADE DO SÉCULO XX

Getúlio Vargas, o famoso presidente populista, foi acusado de utilizar verbas públicas em benefício próprio, enriquecendo à custa do tesouro nacional. Vargas também usou de sua influência política para financiar a montagem do jornal *Última Hora*, na década de 1950, criado para apoiá-lo num contexto em que a grande imprensa era hostil ao seu governo.

A transferência da capital do Brasil do Rio de Janeiro para **Brasília** também na década de 1960, durante o governo de Juscelino Kubitscheck, foi um fator que contribuiu para o aumento da corrupção entre os governantes. A nova capital libertou os congressistas da participação popular, em função da distância, proporcionando-lhes uma sensação de impunidade, que é um dos fatores que favorecem a corrupção.

Um dos pretextos utilizados pelos militares para decretar o Ato Institucional 5 (AI-5) foi justamente aumentar o poder do Estado para retirar os entraves à desejada limpeza da corrupção no país. Mas os projetos de crescimento econômico dos militares geraram grandes obras e negócios, e novas oportunidades para negociatas. O governo militar não tinha como limpar a corrupção, como era a sua proposta, simplesmente porque o pré-requisito essencial para que isso acontecesse era a existência de um **regime democrático**, condição inexistente em uma ditadura.

A partir de 1983, os partidos políticos PMDB e PT promoveram uma série de campanhas em favor das eleições diretas para presidente. Teve início, então, a chamada transição para a democracia, mas somente em 1989 houve eleições diretas para presidente, que levaram Fernando Collor ao poder.

Logo surgiram suspeitas de que o presidente eleito estava envolvido em esquemas de corrupção. Depois de apuradas várias denúncias que envolviam Fernando Collor nos esquemas montados por Paulo César Farias, tesoureiro do PRN, partido pelo qual ele havia sido eleito, o processo de ***impeachment*** foi inevitável. As investigações apontaram Fernando Collor como beneficiário e participante do "Esquema PC Farias", que, segundo os cálculos da Polícia Federal, movimentou de US$ 600 milhões a US$ 1 bilhão no período de 1989 (campanha presidencial) a 1992 (*impeachment*).

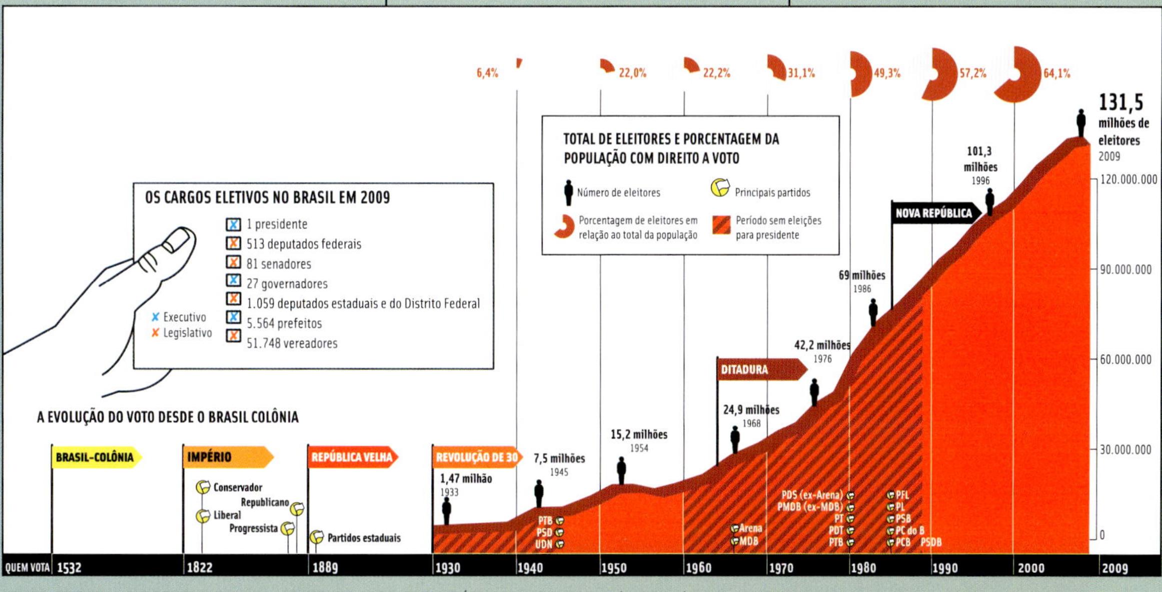

FONTE: TRIBUNAL SUPERIOR ELEITORAL. ADAPTADO PARA FINS DIDÁTICOS. MARIO KANNO/MULPISP/*ALMANAQUE ABRIL*.

O CASO CAPEMI

Um exemplo de corrupção durante a ditadura militar está ligado à construção da maior hidrelétrica do país. Durante a década de 1980 havia um grupo privado chamado Caixa de Pecúlios, Pensões e Montepios (Capemi), fundado e dirigido por militares com o objetivo de gerar recursos para a manutenção de um programa de ação social que englobava benefícios como a previdência e a assistência a participantes do plano. Mas o presidente do órgão, general Ademar Aragão, resolveu ampliar o suporte financeiro da empresa e entrou na concorrência para o desmatamento da área onde seria construída a usina hidrelétrica de Tucuruí. A Capemi ganhou a concorrência e deveria, ao longo de três anos, retirar e comercializar a madeira extraída. O contrato não foi cumprido e o dinheiro dos pensionistas da Capemi acabou desviado para a "caixinha" do ministro-chefe do sistema nacional de informações (SNI), general Otávio Medeiros, que desejava candidatar-se à presidência do país.

HIDRELÉTRICA DE TUCURUÍ.

O resultado foi a falência do grupo Capemi, que necessitava de US$ 100 milhões para saldar suas dívidas, e o prejuízo de pensionistas que tinham a mensalidade descontada de suas folhas de pagamento para a futura aposentadoria. Além do comprometimento de altos escalões do governo militar, o caso revelou a existência de grupos privados interessados em desfrutar da administração pública, do tráfico de influência e da ausência de ordenamento político.

ROUBA, MAS FAZ...

Em 1950, um caso de corrupção tornou-se emblemático e até os dias atuais faz parte do anedotário da política nacional: Adhemar de Barros, governador paulista à época, tinha como lema: "Rouba, mas faz". Esse político paulista ficou popularmente conhecido como um administrador corrupto que não fazia questão de negar essa acusação.

Reconhecido por fomentar grandes obras públicas, suspeitava-se que o político recebesse "caixinha": uma forma de arrecadação de dinheiro em troca de favores. A transação seria feita entre bicheiros, fornecedores, empresários e empreiteiros que desejassem algum benefício político.

Assim como Adhemar de Barros, Paulo Maluf foi inúmeras vezes associado ao lema: "Rouba, mas faz". Ao longo de sua carreira política, Maluf foi alvo de várias denúncias de malversação dos recursos públicos, principalmente envolvendo obras de infraestrutura, como construção de viadutos, túneis e rodovias. As acusações contra o ex-prefeito de São Paulo são, predominantemente, de recebimento de **propina** e **desvio** de recursos públicos: estima-se que Maluf teria desviado algo em torno de R$ 3 bilhões quando foi prefeito da cidade entre 1992 e 1996.

CONSTRUÍDO NA DÉCADA DE 1970, EM SÃO PAULO, NA GESTÃO DE PAULO MALUF, O ELEVADO COSTA E SILVA, MAIS CONHECIDO COMO MINHOCÃO, CONSUMIU QUASE 700 MIL SACOS DE CIMENTO E 10 MIL TONELADAS DE AÇO E FERRO. MESMO ASSIM, ATÉ HOJE NÃO FICOU EXPLICADO O DESTINO DE CERCA DE US$ 10 MILHÕES QUE DEVERIAM TER SIDO USADOS NA OBRA.

O CASO PROCONSULT E O DOSSIÊ DA PASTA ROSA

Em 1982, no momento das primeiras eleições diretas para cargos de governador, o Brasil vivenciou um dos maiores casos de **fraude eleitoral**: o **caso Proconsult**, uma fraude nas eleições no Rio de Janeiro com o intuito de impedir a vitória de Leonel Brizola.

A empresa Sysin (Sistemas e Serviços de Informática) foi contratada pelo partido de Leonel Brizola (PTB) para realizar uma apuração dos dados divulgados pela Proconsult. O resultado foi uma enorme divergência entre os dados divulgados pela empresa oficial e os números apurados pela empresa contratada pelo partido.

Basicamente o método utilizado pela Proconsult foi contabilizar os votos nulos e brancos em favor do candidato do PDS, Moreira Franco. O método da Proconsult ficou conhecido como "diferencial delta", ou seja, os programas instalados nos computadores da empresa subtrairiam uma determinada porcentagem de votos dados a Brizola, transformando-os em votos nulos, ou promoveriam a transferência de sufrágios em branco para o candidato governista Moreira Franco. Apesar da tentativa de fraudar as eleições, Leonel Brizola assumiu o governo do Estado do Rio de Janeiro em março de 1983, tendo por vice Darcy Ribeiro.

Outro caso que ganhou bastante notoriedade foi o **Dossiê da Pasta Rosa**. Divulgado em dezembro de 1995, o dossiê era um conjunto de documentos que indicava uma "contribuição" de cerca de US$ 2,4 milhões do Banco Econômico, de propriedade de Ângelo Calmon de Sá, para o financiamento de 25 candidatos nas eleições de 1990. No relatório, Antonio Carlos Magalhães, na época governador eleito do Estado da Bahia, era apontado como o receptor individual de mais de US$ 1 milhão do banco de Ângelo Calmon de Sá. Também constavam no relatório os então deputados federais Renan Calheiros, Roberto Fiúza e Benito Gama.

POSSE DO GOVERNADOR LEONEL BRIZOLA E DO VICE DARCY RIBEIRO.

O CASO ALSTOM – LICITAÇÃO E PROPINA

A empresa Alstom, grupo industrial francês que atua na área de equipamentos e serviços para geração de energia e meios de transporte ferroviário, participou das obras de expansão do metrô de São Paulo no período entre 1995 e 2003, nas gestões de Mário Covas e Geraldo Alckmin, mas houve violação no processo de licitações. O esquema funcionava da seguinte maneira: funcionários da Alstom pagavam propina aos políticos da base aliada do governo do Estado para obter favorecimento na licitação referente à instalação de equipamentos. A rede de propinas teria funcionado desde 1998. O jornal nova-iorquino *The Wall Street* divulgou que a Alstom teria pago cerca de US$ 6,8 milhões em propina para obter vantagens no processo de licitação.

CORRUPÇÃO E POLÍTICA NO SÉCULO XXI

O caso que ficou conhecido como o "Mensalão do PT" também repercutiu de forma negativa para o governo de Luís Inácio da Silva, o Lula. O mensalão foi um esquema de compra de votos de parlamentares, para criar **emendas parlamentares** que favorecessem a prefeitos e empresas, e veio à tona em 2005. O escândalo ganhou repercussão nacional quando o então deputado federal pelo PTB, Roberto Jefferson, acusou o tesoureiro do Partido dos Trabalhadores, Delúbio Soares, de pagar mensalidade a alguns parlamentares para que estes votassem a favor da bancada governista. Segundo Jefferson, essa mensalidade girava em torno de R$ 30 mil. Embora não tenha apontado resultados conclusivos, a CPI do Mensalão, como foi denominada essa investigação, fez com que muitos parlamentares, especialmente os ligados ao PT de São Paulo, como José Dirceu e José Genoíno, pedissem demissão dos cargos que ocupavam.

Em julho de 2009, os brasileiros acompanharam mais um caso de corrupção envolvendo o ex-presidente do Brasil, e então senador, José Sarney. Ele foi acusado pelo Conselho de Ética de estar envolvido no escândalo de "663 atos secretos" – foi acusado de desvio de recursos por meio da fundação que leva o seu nome, edição de atos secretos e nepotismo, em que se nomeavam parentes e conhecidos para cargos públicos sem que fossem realizados concursos. Esse caso é um bom exemplo de nepotismo no Brasil. Estima-se que tais práticas vinham ocorrendo desde 1995.

Nos dias atuais, o Brasil é considerado um dos países com o sistema eleitoral mais modernos do mundo. A urna eletrônica diminuiu consideravelmente as chances de corrupção eleitoral. Mas ainda há uma grande incidência de atos corruptos no processo de captação de recursos para financiar as campanhas eleitorais dos candidatos, o chamado **caixa dois**.

O CASO DOS ANÕES DO ORÇAMENTO

Nos últimos anos a imprensa vem noticiando inúmeros casos de corrupção. Entre os que ganharam maiores proporções está o escândalo dos **anões do orçamento**, em que estavam envolvidos os deputados João Alves, Genebaldo Corrêa e Ibsen Pinheiro, que desviaram dinheiro do Orçamento da União no início da década de 1990.

O esquema de corrupção recebeu esse nome em função da baixa estatura de boa parte dos envolvidos no caso.

Ao todo foram denunciadas 18 pessoas, a maioria foi cassada e quatro parlamentares acabaram renunciando antes do prazo da cassação para evitar o processo de inelegibilidade, ou seja, a perda do direito de serem eleitos para novos cargos políticos.

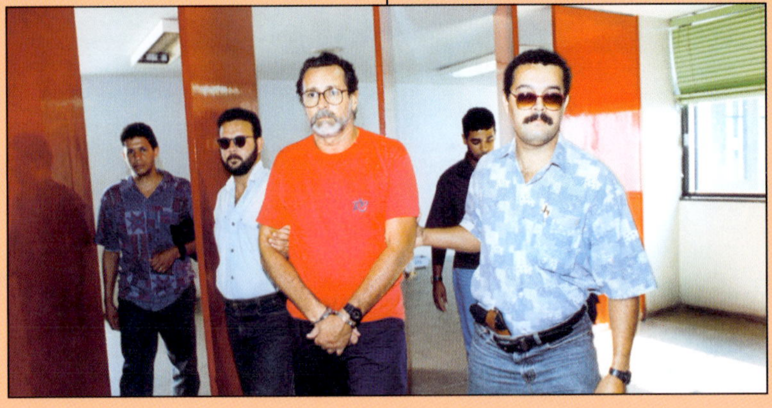

JOSÉ CARLOS ALVES DOS SANTOS, DE VERMELHO, EX-CHEFE DA ASSESSORIA DE ORÇAMENTO DO SENADO, FOI PRESO EM BRASÍLIA, EM 1993, POR FAZER PARTE DO GRUPO QUE FICOU CONHECIDO COMO "ANÕES DO ORÇAMENTO". JOSÉ CARLOS DENUNCIOU AS IRREGULARIDADES, MAS FOI PRESO POR ESTAR ENVOLVIDO NO CRIME E SER ACUSADO DE ASSASSINAR A PRÓPRIA ESPOSA, QUE TERIA AMEAÇADO DENUNCIAR O ESQUEMA.

AS SUSPEITAS SOBRE A VITÓRIA DE BUSH

Em 2000 um escândalo eleitoral abalou a credibilidade do sistema norte-americano e envolveu o então candidato à presidência George W. Bush.

O sistema eleitoral dos Estados Unidos é baseado em colégios eleitorais e funciona da seguinte forma: os votos dos eleitores de cada estado são contabilizados e elege-se um vencedor dentro de cada unidade federativa. O candidato que obtiver vitória no maior número de unidades federativas vence a eleição. Esse sistema é bastante criticado, pois permite que algumas regiões inexpressivas decidam o resultado final.

Um pouco antes das eleições, as regras foram substancialmente alteradas na Flórida, estado que era então governado pelo irmão de George W. Bush, Jeb Bush, para que muitos eleitores fossem excluídos do pleito. A maioria dos excluídos era negra, o que prejudicou enormemente o candidato do Partido Democrata, Al Gore. Ao todo, 1,4 milhão de negros não puderam votar em todo o país porque teriam algum tipo de entrave judicial, por menor que fosse. Além dessa manobra, foram contabilizadas as chamadas "listas dos ausentes", que beneficiavam os militares residentes fora do país, tradicionalmente simpatizantes dos republicanos, partido de Bush.

As pesquisas parciais indicaram que 87 mil votos teriam sido "roubados" do democrata Al Gore por conta dessas irregularidades – o que contabiliza 162 vezes a mais a suposta margem de vitória de Bush na Flórida, 573 votos apenas. Apesar dos pedidos de recontagem e de reavaliação das eleições, a Suprema Corte dos Estados Unidos decidiu validar as eleições na Flórida por 5 votos a 4. A corrupção eleitoral tornou-se um escândalo, mas não impediu a posse de Bush.

Muitos norte-americanos e boa parte da opinião pública mundial considera que essas eleições foram um golpe de Estado. O fato é que, no restante do país, Al Gore ficou na frente do republicano por mais de 530 mil votos. Todavia, o sistema por colégios eleitorais fez com que, embora Gore tivesse obtido essa diferença significativa, os 573 votos de Bush na Flórida o tornassem presidente dos Estados Unidos.

MANIFESTANTES QUE APOIAVAM O DEMOCRATA AL GORE FORAM ÀS RUAS PARA DENUNCIAR AS IRREGULARIDADES QUE ENVOLVERAM A ELEIÇÃO DE BUSH NA FLÓRIDA. APESAR DOS PEDIDOS DE REAVALIAÇÃO DA ELEIÇÃO, CONSIDERADA FRAUDULENTA, GEORGE W. BUSH TOMOU POSSE.

CAPÍTULO 17

Endurecer, sem perder a ternura

Na manhã seguinte, durante o intervalo, Gabriel a procurou no pátio da escola para dizer que tinha lido o depoimento dela em seu site:

– Cara, você foi muito corajosa!

– Corrupção não é crime? Não posso conviver com um criminoso dentro de casa. E parabéns, viu? Seu site é incrível. Fiquei sabendo de um monte de coisas. Aqueles exemplos todos de movimentos anticorrupção são demais.

– Você viu que legal aquela ONG da Argentina? A rapaziada segue o corrupto dia e noite, com cartazes. Pra onde quer que ele vá, o grupo vai atrás, em silêncio.

– À noite fazem plantão na porta dele.

– A ideia é não deixar que a sociedade esqueça que aquele cara roubou dinheiro público.

– É a tal da tolerância zero sobre a qual você escreve.

– Isso. Falam muito de tolerância zero pras drogas, pra violência ou pra poluição, mas o crime de corrupção é muito mais grave.

– O papo das causas primeiras, né?

– Por que a Baía de Guanabara tá poluída? A lei contra despejar dejeto industrial nela existe, mas é muito mais barato dar uma grana pro fiscal fingir que não vê do que tratar do dejeto. O Banco Mundial já deu bilhões pra despoluição das águas, mas teve tanto roubo que desistiram. Tudo bem, as pessoas têm de ter consciência ecológica, até para fazer as

Desapropriação consiste em tirar de alguém o direito de posse sobre a terra ou a propriedade privada, em razão de uma necessidade ou utilidade pública, ou ainda diante do interesse social. Normalmente é feita pelo Poder Público mediante pagamento de uma indenização justa.

leis contra a poluição, mas mais importante que isso é ter fiscal, auditor, multa pesada, cadeia, **desapropriação**, cobrança de posicionamento da família do corrupto, tornar a vida dele um inferno.

– Por falar em tornar a vida de uma pessoa um inferno, será que alguém já leu o que eu escrevi? Acordei grilada. O sujeito, afinal de contas, é o meu pai.

– Se arrependeu? Desculpe. De repente eu posso ter te pressionado...

Mila achou que ele tinha uma expressão muito fofa. E era bonitinho. Sorriu por dentro. Fazia muito tempo que não pensava nessas coisas. Era no que dava passar dos quarenta quilos.

– Escrevi porque quis. Minha tolerância no momento é zero. Eu quase morri, cara. Daqui pra frente vou botar tudo pra fora. E não vai ser vomitando.

– É chato falar isso, é seu pai, mas o corrupto merece castigo.

– Fique à vontade. Eu também acho.

– O corrupto e o corruptor, claro. Os dois têm de pagar. Não podem ficar impunes, senão viram exemplo. Eles precisam ser contidos. Responder na justiça.

– Gostei do que você escreveu sobre ética. Não se vai resolver corrupção fazendo campanha pela ética, porque o corrupto e o corruptor justamente não têm ética, são doentes. É como pedir cabelo pra um careca. O que tem de haver é fiscalização e punição.

– E o pior é que existe legislação pra isso, mas quase ninguém sabe.

– O lance da diferença entre cidadania passiva e ativa.

– Pois é. Uma é dada pelo estado, a outra é exigida pelo cidadão. A gente pode exigir do Estado que ele nos diga onde gasta o dinheiro que pagamos pra ele. É um direito! Tá na Constituição! Devia ser ensinado nas escolas. Um curso com informações sobre os direitos dos cidadãos.

– Vamos propor isso pra diretoria!

– Vamos! E como funcionam as câmaras legislativas, o Judiciário, o Executivo... Como esse pessoal gasta nossa grana?

– Eu te ajudo.

– Valeu. Tem um pessoal que tá comigo. Até de outras escolas. Sempre achei que não tem ninguém melhor pra fazer campanha contra a corrupção do que a galera jovem. Pensa bem. Na nossa idade geralmente estamos sem rumo na vida, com tempo e energia sobrando, querendo encontrar uma causa pra lutar contra o sistema. A gente gosta de radicalizar. No combate à corrupção a pessoa pode ser o mais radical possível. E ainda por cima fazemos tudo em grupo. A gente se amarra num agito. Se incomodar os adultos, melhor ainda. Se alguém canalizar a energia da galera pra um movimento anticorrupção, o bicho vai pegar.

– Entendi por que você achou o que eu fiz importante, cara. De repente uma filha denuncia o pai. Isso abre um canal. Eu não tinha sacado.

– Um dia eu fui numa festa na casa do Tantan...

– Do nono ano? Que tem uma banda?

– É. O pai dele é dono de uma rede de postos de gasolina. O Tantan passou a festa toda mostrando o estúdio de som que o pai tinha mandado fazer pra ele, em cima da garagem. E contou que o pai **adulterava a gasolina**. Falava isso rindo. Ninguém ficou indignado. Só elogiavam o estúdio. Eu fui embora. Não falo mais com ele.

– Tolerância zero.

– Pô, o pai do cara é um ladrão! Corrompe fiscal e polícia! É esse dinheiro que paga a mensalidade do Tantan, que compra a guitarra que ele toca, que montou o estúdio! Vão me dizer que o Tantan não é cúmplice?

– Você tem consciência de que tá mexendo num vespeiro, cara?

– Tenho, Mila. Tenho.

Ela achou lindo o olhar que ele lançou para o infinito. Tipo pôster do **Che Guevara**.

– Incluir os filhos nos crimes de corrupção dos pais é limpar fossa. Ninguém quer fazer, mas precisa ser feito.

– Eu levantei a tampa da fossa lá de casa. Deu uma m*@# danada. Mas vou em frente. Já salvei minha mãe e meu irmão. Mas meu pai parece cada vez pior.

– Salvou você também, Mila.

– Ah, é.

– Já pensou morrer por causa de um corrupto que...

– Eu daria uma bela mártir.

– Prefiro mil vezes você viva.

Adulteração de combustível é um procedimento ilegal realizado por donos de alguns postos. Consiste em adicionar certos solventes à gasolina para aumentar os lucros. A foto mostra bombas de gasolina lacradas por fiscais em Cascadura, Rio de Janeiro, devido à venda de combustível adulterado.

Ernesto Guevara de la Serna (1928-1967), conhecido também como **Che Guevara**. Natural da Argentina, formou-se em Medicina e atuou na área antes de dedicar-se à luta socialista na América Latina e África. Em Cuba, participou do grupo revolucionário que derrubou o governo de Fulgêncio Batista e instituiu o socialismo, sob o comando de Fidel Castro.

Mila ficou vermelha.

Será que estava rolando um clima?

– A vítima da corrupção, ou seja, a sociedade, não é indefesa – ele continuou. – Pelo contrário, dá pra reagir, e muito. Eu tô reagindo. Botando a boca no mundo. Mostrando os podres. Exigindo explicação. Não quero nada que seja comprado com o dinheiro do pai do Tantan. Acho que um filho de corrupto devia ser expulso do colégio.

– Isso aqui fechava as portas.

– É um colégio católico, falam tanto em moral... Por que não expulsam o Tantan?

– Porque adoram as mensalidades que o pai dele paga com dinheiro sujo.

Riram.

– Eu devia ser expulsa também? – ela lembrou.

– Não agora, depois que você denunciou...

Ela achou que ele ia dizer alguma outra coisa, porque havia chegado mais perto, e a olhava nos olhos... mas nesse momento seu celular tocou e ela atendeu:

– Oi... é... sou eu mesma... quem? Tá... tudo bem? Como vai a senhora? É... fui eu... o quê?! É mesmo?! Não sei... assim... é verdade, aconteceu como ela disse mesmo... no meio da aula de História... foi... o quê?... Hoje?! Agora?! Caramba... bom, acho que tudo bem... aqui? Na escola? – Mila olhou para Gabriel e sorriu. – Quer saber, tudo bem! A senhora pode vir sim! Tá legal! Isso. Beijo.

Ela fechou o celular como se fosse uma castanhola, respirou fundo e explicou:

– Cara... a Ana, da minha turma... a mãe dela é jornalista, trabalha na televisão. A Ana tá ali na biblioteca, viajando na internet... abriu o seu site, leu o meu depoimento, ligou pra mãe... Cara, a mãe da Ana tá vindo me entrevistar pro jornal da noite! Vou sair na tevê!

***

Capítulo 18

Papai é corrupto!

Mais uma vez a Mila parou o colégio.

A notícia de que o jornal da tevê de maior audiência do país estava vindo fazer uma entrevista com Mila mobilizou os alunos como se fosse um incêndio.

A mãe da Ana era muito popular por lá. Ela disse que o carro da reportagem já estava na rua quando a filha ligou, portanto chegaria a qualquer momento.

Os seguidores fiéis à causa de Gabriel pareciam esperar um momento como aquele para sair da toca e iniciar a revolução. E ele não se fez de rogado. Assumiu a liderança.

Começaram a fazer cartazes.

Tomaram de assalto a oficina de artes plásticas e com cartolina, tinta preta e pincéis grossos pintaram coisas como:

"Lugar de ladrão é na cadeia!"

"Fora, corruptos!"

"Sou filho, mas não sou cúmplice."

"Abaixo a roubalheira!"

"Quem usa dinheiro de corrupção também é corrupto!"

"Corrupção é crime!"

"Abaixo a corrupção."

"Tal pai, tal filho."

"Papai é corrupto!"

Foi tudo tão rápido, e a mobilização tão intensa e espontânea, que a diretoria não teve como impedir. Quando a equipe de tevê chegou, foi recebida por um corredor de adolescentes aos gritos segurando cartazes com palavras de ordem contra a corrupção. Tudo foi registrado pela câmera, a mãe de Ana na frente, com o microfone aberto.

Já haviam improvisado uma espécie de estúdio de gravação na sala de teatro, com refletores e tudo, e colocado duas cadeiras diante de um fundo claro.

Mila estava sentada, esperando a entrevista, em pânico, com uma enorme vontade de ir ao banheiro, fazendo, literalmente, das tripas coração para tentar disfarçar, todo o tempo se perguntando como as coisas haviam chegado àquele ponto.

Uma de suas piores preocupações era vomitar no meio da entrevista. Ânsias não faltavam. Esfregava as mãos suadas no jeans.

Foi tudo muito rápido.

Como uma onda gigantesca.

Já sentada, começou a ouvir a onda se formando ao longe, depois atravessando o pátio, passando pelos corredores, entrando na sala do teatro, a mãe da Ana e o cinegrafista surfando na massa de estudantes barulhentos, e então a onda chegou perto e quebrou bem em cima de Mila.

Não soube como teve forças para não se afogar.

Quando viu estava respondendo às perguntas.

Contou o que havia acontecido na aula de História, a denúncia contra o próprio pai, a anorexia, o inconsciente recusando o alimento corrompido, e acabou fazendo um discurso inflamado contra a corrupção e a conivência dos filhos.

Às vezes, enquanto falava, estranhava o silêncio em volta. A expressão boquiaberta da mãe da Ana também a espantava. Mas havia decidido falar o que sentia.

Um pouco assustada com a veemência da menina, a entrevistadora perguntou se ela não estava sendo muito radical. Mila respondeu:

– Meu pai me disse que ser adulto é fazer concessões. Tudo bem. Eu tenho dezesseis anos. Como ele mesmo diz, não sou adulta. Então não preciso fazer concessões, não é? Vou ter o resto da vida pra isso. É ruim ser radical, eu sei, mas não quando se trata de corrupção. A gente não deve fazer concessão nenhuma com a corrupção. É crime hediondo.

É roubo, e muitas vezes assassinato. Prejudica gerações inteiras. Se o jovem é radical, por que não aproveita pra ser radical com alguma coisa que preste? Por que eu tenho que fazer concessão, por exemplo, em sentar ao lado do filho de um corrupto em sala de aula, se esse aluno é conivente com o crime do pai? Por que eu tenho de fazer concessão ao meu pai, sabendo que o dinheiro dele vem da corrupção? Se eu for conivente com essas coisas, vou ser também cúmplice.

Uma nova onda, agora de aplausos, caiu sobre ela.

O câmera gravou tudo.

A jornalista assustou-se um pouco. Teve a nítida impressão de que não sabia onde estava se metendo.

A onda recuou, como todas as ondas.

Mila permaneceu sentada, vendo a espuma se afastar, a mãe da Ana e o câmera saírem da sala do teatro, acompanhados pelos estudantes novamente aos gritos, empunhando os cartazes, ouviu a onda atravessando o pátio, saindo da escola.

Sentiu que a abraçavam por trás e ganhou um beijo na nuca. Era Gabriel.

– Legal, Mila. Legal.

– Roubei uma porção de ideias suas.

– Depois você me dá 10% e fica tudo bem.

Riram.

Veio outra onda, agora os amigos, a gritaria, os cartazes; cercaram-na na sala de teatro, ainda aplaudindo, até que o diretor em pessoa veio mandar todo mundo pras aulas.

Era muito difícil esfriar a excitação do acontecimento, mas o professor de Matemática tentou bravamente, e com algum sucesso, lembrando da prova dali a três dias.

Mila conseguiu concentrar-se na resolução de um maldito algoritmo, até que Ana, a causadora de toda aquela confusão, lhe passou um celular.

Mila olhou sua foto na telinha.

Ela estava de frente, respondendo a uma pergunta da jornalista. Ao fundo, bem nítido, sobre sua cabeça, alguém colara um cartaz. Nele estava escrito:

"Papai é corrupto!".

Mila devolveu o celular, enterrou o rosto nas mãos e disse, em pensamento, um palavrão cabeludo, que vinha a ser um verbo referente ao ato sexual, no pretérito perfeito do indicativo.

***

CAPÍTULO 19

O emocionante mundo acima dos quarenta quilos

Aquilo não ia ajudar muito na campanha do pai para se eleger deputado.

Mila achou uma maravilha que ele não estivesse em casa na hora do jornal. Tinha ido a um comício na Baixada Fluminense.

Frédi também não estava, saíra com a namorada.

A única a seu lado, no sofá, esperando o jornal das oito, era a mãe.

Isabel só sabia que a filha tinha sido entrevistada no colégio. Mila não contou sobre o quê. Disse que queria fazer uma surpresa. Previa o terremoto familiar e o adiava o máximo possível.

Na escola já acontecera um abalo. Como grande parte dos alunos apoiou a posição de Mila, a situação de Tantan ficou complicada. Todo o colégio já o ouvira elogiar a esperteza do pai empresário em corromper os fiscais. O pai de Tantan já havia até sido preso, e solto com um ***habeas corpus***, e o filho contava a história com orgulho. O motorista de sua família vinha pegar Tantan na saída, numa supercaminhonete importada, e muitos alunos pegavam carona.

A expressão ***habeas corpus*** vem do latim e significa "que tenhas teu corpo". É uma garantia prevista na Constituição para quem está sofrendo privação de liberdade de locomoção por abuso de poder ou ilegalidade. Normalmente, as pessoas que estão sendo acusadas de algum crime e não representam um perigo para a sociedade ganham, com o *habeas corpus*, o direito de responder à acusação em liberdade.

Tantan virou símbolo do comportamento oposto ao de Mila. Não se podia obrigar um filho a denunciar o pai corrupto, mas ter orgulho dele e alardear suas falcatruas já era demais.

Uma comissão foi pedir ao diretor que expulsasse Tantan da escola!

O diretor se enrolou todo. O que fazer? Admitir na escola um filho de corrupto convicto, que fazia propaganda dos crimes do pai, era errado, mas expulsá-lo podia abrir uma porteira por onde sairiam metade dos bois. Ele era um adulto, podia fazer concessões. E, quem sabe, ao contrário, não deveria expulsar Mila e o tal Gabriel, que estavam por trás daquilo, cortando assim o foco da infecção?

Sem coragem para tomar uma decisão ou outra, pediu tempo para pensar, na esperança de que o assunto fosse morrendo aos poucos.

Mas em sua casa Mila não tinha dúvida: vinha outro terremoto. Não ia sobrar pedra sobre pedra.

A mãe, em sua ignorância, esperava o noticiário feliz da vida. Sua filha, que há menos de um mês correra perigo de morte, agora aparecia na tevê, no jornal mais assistido, para o Brasil todo. Aceitou o clima de surpresa que a filha criara, com a certeza de que a entrevista seria sobre anorexia e o exemplo de superação de Mila.

A seu lado, assistindo ao final do capítulo da novela, os pensamentos de Mila rodavam num turbilhão veloz. Tantos fatos impactantes haviam ocorrido aquele dia que eles agora giravam em sua cabeça sem que ela conseguisse manter o foco em um só por tempo suficiente para compreendê-lo.

Um deles, o mais forte, fora o beijo.

No final de um intervalo ela foi à sala de computadores, para ficar um pouco sozinha e saber como havia repercutido seu depoimento no site de Gabriel.

Encontrou o próprio Gabriel, fazendo exatamente isso.

Ficaram lendo os e-mails de apoio juntos. Tomaram um susto. Alunos de três outros colégios do Rio de Janeiro estavam aderindo à campanha da tolerância zero contra a corrupção! Já havia algumas denúncias anônimas! E um garoto, imitando Mila, assumia, em texto e foto, que seu pai e mais quatro sujeitos haviam ganho comissão de um prefeito para intermediar um empréstimo no BNDES, e que o dinheiro dessa comissão tinha sido desviado da construção de um hospital, que não ia mais ser feito!

Gabriel e Mila se olharam, emocionados.

– Acho que a gente começou uma coisa grande... – ele disse.

E então eles se beijaram.

Simples assim. Uma dessas coisas que têm de acontecer, mais cedo ou mais tarde. Sabiam disso.

Um beijo maravilhoso, que só acabou porque o sinal tocou.

Os dois não conseguiram falar nada depois. Afastaram-se em silêncio.

Mila jurou nunca mais pesar menos de quarenta quilos.

Mas, ali no sofá, nem a lembrança daquele beijo ela podia reter no pensamento, porque em seguida vinha a entrevista, e a iminência de suas declarações se espalharem por todo o território nacional...

A novela acabou.

O jornal começou.

Mila sentiu a mão de Isabel apertar a sua, virou para o lado e viu o sorriso besta da mãe.

Os últimos momentos antes do apocalipse.

A tortura da espera, antes de ela entrar no ar. A chamada da apresentadora... "no próximo bloco, a entrevista de uma estudante e sua incrível história de inconformismo"...

Isabel sorriu, já quase chorando. Sim, inconformismo. Sua filha não se conformara com a doença. Uma linda história de luta contra o mal que atingia tantas adolescentes. A vitória da força de vontade de uma menina que...

E então sua filha entrou no ar.

Lá estava ela, mostrando sua personalidade forte... com um enorme cartaz ao fundo: PAPAI É CORRUPTO!

Mila sentiu que o sofá era feito de areia movediça.

Começou a ter ânsias de vômito. Dificuldade para respirar.

A expressão da mãe era indecifrável. Os olhos muito abertos, as mãos espalmadas sobre os joelhos, o corpo se inclinando para a televisão, a boca se abrindo lentamente, cada vez mais.

E não haviam feito muitos cortes. A entrevista saíra quase na íntegra.

Para ilustrá-la, cenas dos estudantes empunhando cartazes.

E uma foto de Romeu!

A matéria acabou. A apresentadora mudou de assunto.

Isabel estava muda.

Girou lentamente a cabeça na direção da filha, que mordia os lábios.

Isabel respirou, para tentar falar... e o telefone tocou.

– Deve ser o seu pai – ela disse.

Mila começou a chorar, enquanto ouvia a mãe:

– Oi, amor... sim... ela está aqui, do meu lado... é...

As lágrimas rolavam pelo rosto de Mila, uma angústia profunda tomava seu corpo. O que ela havia feito com o pai? Ela o amava tanto.

– O quê?! Não é possível! – a mãe deu um pulo do sofá, muito assustada. – Como assim?! Agora?! Tem certeza?! Não é melhor...? Não. Tá. Tá. Calma. Tá. Pode vir.

Mila chorava convulsivamente, muito amedrontada...

– Papai... ele tá vindo pra cá?

– Tá. Rápido. Vamos nos aprontar. Coloca uma roupa e o casaco de couro.

– Por quê? – Mila não entendeu.

– Vamos fugir pro sítio de seu avô. Seu pai está trazendo Frédi.

– Fugir?

– Bateram no seu irmão. Levou pontos no rosto e na cabeça. Romeu o pegou no hospital.

– Mas fugir pra quê?

– Frédi sofreu uma ameaça de morte. Rápido, Mila. No caminho a gente explica!

***

Capítulo 20

Um anjo de saia

O carro avançava veloz pela estrada escura e cheia de curvas. Mila ia no banco de trás, segurando a mão do irmão.

Frédi dormia, com a cabeça apoiada num travesseiro. O lado esquerdo de seu rosto estava muito inchado, um feio hematoma já cercava o olho. De vez em quando ele gemia. Havia uma fissura em uma de suas costelas. Levara chutes violentos. O médico dissera que não precisaria engessar, mas que ia doer quando respirasse mais fundo ou sacudisse o corpo. Um grande curativo cobria o lado direito da cabeça. Levara dez pontos num corte atrás da orelha.

Os três iam em silêncio, para não acordá-lo.

Mila tinha chorado muito, e agora já não tinha mais lágrimas. Só uma tristeza profunda. Ela causara tudo aquilo. Não previra as consequências de sua atitude. O mundo era muito complicado. Queria pedir para o pai parar. Estava com vontade de vomitar a pipoca que comera antes do jornal.

Romeu nem havia desligado o motor. Gritara no interfone para as duas descerem correndo. Elas entraram no carro e ele arrancou, cantando pneu. Frédi já estava cochilando, sob efeito dos sedativos e da anestesia local para levar os pontos.

– Depois eu explico tudo – o pai disse. – Ele precisa descansar.

O sítio ficava a uma hora e meia dali. Estava meio abandonado. Depois da morte dos pais de Isabel ninguém ia para lá. Lembranças demais, o corre-corre da vida...

O silêncio pesado, constrangedor, esmagava Mila a cada quilômetro. Queria pedir perdão a todos. Queria não ter nascido. A mãe evitava olhá-la, olhos fixos na estrada, com uma expressão de dor que atingia Mila como uma ferroada no coração.

As luzes do sítio estavam apagadas. Romeu teve de abrir o pesado portão de madeira no escuro, estacionar o carro sobre o matagal do jardim e encontrar o interruptor da varanda.

A casa cheirava a mofo.

Por sorte Isabel lembrara de trazer roupas de cama limpas. Acomodaram Frédi. A mãe ficou no quarto, a seu lado, colocando compressas de água fria em sua testa, assustada com um começo de febre.

Mila estava louca para vomitar. Achou que isso a aliviaria um pouco da tensão. Trancou-se no banheiro, ajoelhou diante do vaso sanitário, como sempre fazia, e ia enfiar o dedo médio da mão direita na garganta quando sentiu que algo escorria pela sua coxa esquerda.

Estava de saia.

Sangue.

Aquele dia não acabava nunca.

Não acontecia havia meses. Estava até sem prática. Usou um chumaço de papel higiênico, rezando para sua mãe ter um absorvente na bolsa. Teria de dar mais aquela notícia à mãe. Pelo menos era uma novidade boa. Isabel vivia perguntando pela menstruação dela, como um sinal inequívoco de que sua filha voltara a viver.

De volta mesmo à vida acima dos quarenta quilos. Definitivamente. Começou a pensar em Gabriel. Reprimiu-se. Quando saísse daquele banheiro teria de enfrentar o pai.

Tomou coragem e fez isso.

Sentiu cheiro de charuto. Romeu fumava numa rede, na varanda. A mãe continuava no quarto, com Frédi.

Mila sentou em silêncio em uma cadeira, ao lado do pai. Lembrou que havia esquecido de vomitar.

– Desculpe, pai...

– O quê?

– A entrevista...

– Filha, me escute. Tenho uma coisa muito importante pra te falar.

– Claro, pai.

– Eu estava no comício quando recebi uma ligação anônima dizendo que o vereador para quem seu irmão trabalhava, o Adão, tinha mandado uns homens darem uma dura nele pra abrir o jogo. Adão vinha desconfiando do seu irmão desde que ele devolveu a caminhonete. Quando Frédi pediu demissão, Adão teve certeza que ele ia armar alguma, por isso estava caindo fora do "esquema". Frédi sabe de todos os rolos do Adão. Os capangas contratados por ele pegaram pesado. Os covardes bateram muito. Ameaçaram matá-lo.

Mila voltou a chorar.

O pai olhava a escuridão da mata além da varanda. Uma coruja piou ao longe, cortando o silêncio da noite.

– Sabe quem foi Oscar Wilde, filha?

– Um escritor do século XIX, acho que irlandês. Já estudei...

– É. Ele escreveu que qualquer um pode ser bom no meio do mato. Acho que aqui neste sítio eu poderia ser bom. Não existe tanta tentação.

Mila não sabia se podia sorrir. Romeu continuou:

– Ele escreveu também que na cidade grande o homem tem duas opções para participar da civilização: pela cultura ou pela corrupção.

Houve um período de silêncio, em que ela não teve a mínima ideia do que dizer.

– Fiz a opção errada, filha – ele disse, sempre olhando para a escuridão da noite. – Larguei a cultura pela corrupção. Sou um doutorando em Biologia.

– Eu sei.

– Lembra? Você tinha orgulho de mim.

Duas grossas lágrimas escorreram pelo rosto de Mila.

– O que a corrupção me deu? Quase matei você. Quase mataram meu filho. Minha mulher me julga doente. As três pessoas que mais amo no mundo me desprezam. Têm vergonha de mim. E estão certos. Eu também tenho vergonha de mim.

– Pai...

– Durante anos enganei a mim mesmo, dizendo que roubava pra dar uma vida melhor a vocês. Mentira. Roubei por poder. Por doença. Roubei pra não me sentir "otário". Estavam todos roubando à minha volta. Às vezes parece a coisa certa a fazer, sabia? Acho que é porque o Brasil teve escravos por muito tempo. Cumprir a lei aqui é ser submisso, ser bobo.

Mila estava ficando aflita. Precisava falar...

– Pai, sobre a entrevista... eu queria que o senhor...

– É, agradecer. Eu preciso agradecer a você pela entrevista, filha.

– Como assim? O senhor assistiu?

– Assisti – ele riu, misteriosamente. – No hospital. Enquanto seu irmão estava na sala de cirurgia. Você pode imaginar que uma coisa assim muda a vida de um homem, não é?

– Eu posso explicar.

– Ah, menina. Minha menina linda. Você é o meu anjo. Vem, deita aqui do meu lado na rede.

Mila foi. Romeu abraçou-a. Ela se aninhou em seus braços, como não fazia há muitos anos. Ouviu o velho coração do pai batendo no peito. Sentiu-se protegida, e com uma enorme vontade de continuar vivendo e enfrentar o mundo.

– Filha, escute meus planos. Desisti da campanha. Não quero mais ser deputado. Por enquanto. Talvez no futuro, mas começando tudo de novo. Conheço muitos vereadores honestos, que são eleitos justamente por isso. Quero ser um deles, e subir como eles sobem. Quero que você tenha orgulho de mim.

– Pai...

– Deixe eu terminar. Vou voltar a dar aula. A gente vai morar num apartamento. Vai dar pra viver bem. Um professor graduado ganha legal. Não vai faltar comida. Comida pura. Espera. Eu fugi com vocês para cá pra ninguém correr perigo. Amanhã telefono pro Adão e explico tudo, ele retira as ordens contra o seu irmão. Se Adão assistiu ao jornal da noite vai entender logo... Você tem razão. O que você falou no jornal é a verdade. A corrupção é um crime. Depois que se começa, não se sabe como parar. E tem gente barra-pesada. Vou ter de saber cair fora dos esquemas, fazendo a coisa certa. Seu irmão foi muito radical. O negócio é perigoso. Na certa vou ser investigado, e pode espirrar lama pra muita gente. Não se preocupe, sei me virar. E, se tiver de pagar pelo que fiz, vou pagar. Você vai voltar a ter orgulho de mim, filha.

– Ah, pai...

– Por favor, continue sua campanha contra a corrupção. Você estava linda no jornal. Lembrou muito meus tempos de estudante. Pra falar a verdade, você se parece muito comigo, Mila. Acho que vai acabar querendo ser deputada também.

Ela abraçou o pai ainda mais apertado.

– Então já vou dando logo dois conselhos – ele continuou. – Primeiro: como para ser um bom político tem de ser muito egocêntrico e obsessivo, tente mudar o foco. Em vez de concentrar toda a sua energia no narcisismo, concentre no altruísmo.

Mila entendeu aquilo profundamente.

Continuaram abraçados, escutando os barulhos da noite, acompanhando a dança dos pirilampos, até que ela lembrou:

– E o segundo conselho?

– Quando você precisar lutar contra causas muito sérias, faça greve de fome. Você é boa nisso.

Isabel chegou na varanda, muito tensa com toda a situação, mas aliviada porque a febre de Frédi cedera.

Encontrou Mila e Romeu às gargalhadas na rede e não entendeu nada.

O *RANKING* DA CORRUPÇÃO

O *ranking* da corrupção, divulgado anualmente, é uma lista organizada pela ONG Transparência Internacional sobre a percepção da corrupção em mais de 180 países. Para a elaboração desse *ranking*, cidadãos e empresários são entrevistados sobre como percebem a corrupção em seu país e nos países com os quais mantêm relações, e como ela se manifesta.

Os índices que medem a "percepção da corrupção" revelam a importância concedida a fenômenos que têm peso negativo na avaliação geral das políticas públicas. Eles apontam para o fato de que a população em geral não apenas tem consciência do fenômeno, mas se preocupa com seus efeitos sobre suas vidas.

O *ranking* divulgado pela Transparência Internacional em 2009 organizou os países segundo a percepção que sua população tem da corrupção.

Como podemos observar, a posição ocupada pelo Brasil não é das melhores: 75º, ficando atrás de países como Botsuana e Kuait. Isso mostra que a imagem de nossa nação perante o mundo continua sendo a de um país corrupto. A Somália e o Afeganistão figuram entre os países mais corruptos do mundo.

Mas é bom lembrar que não existe um país mais corrupto que outro. A corrupção não é fruto de uma falha moral de um povo, mas de um sistema que propicia sua existência pela ausência de controle político-social e de transparência.

1º	Nova Zelândia	(9,4)
2º	Dinamarca	(9,3)
3º	Cingapura	(9,2)
3º	Suécia	(9,2)
5º	Suíça	(9,0)
6º	Finlândia	(8,9)
6º	Holanda	(8,9)
8º	Austrália	(8,7)
8º	Canadá	(8,7)
8º	Islândia	(8,7)
11º	Noruega	(8,6)
12º	Hong Kong	(8,2)
12º	Luxemburgo	(8,2)
14º	Alemanha	(8,0)
14º	Irlanda	(8,0)
16º	Áustria	(7,9)
17º	Japão	(7,7)
71º	Bulgária	(3,8)
71º	Macedônia	(3,8)
71º	Grécia	(3,8)
71º	Romênia	(3,8)
75º	**Brasil**	**(3,7)**
75º	Colômbia	(3,7)
75º	Peru	(3,7)
75º	Suriname	(1,6)
175º	Chade	(1,5)
176º	Iraque	(1,5)
176º	Sudão	(1,4)
178º	Mianmar	(1,4)
179º	Afeganistão	(1,3)
180º	Somália	(1,1)

POLÍTICA TAMBÉM É COM VOCÊ!

As eleições são fundamentais para a mudança de um cenário corrupto. É a oportunidade para os cidadãos deixarem de eleger pessoas que comprovadamente já se mostraram corruptas.

Infelizmente está comprovado que muitos candidatos consideram a carreira política como uma forma de enriquecimento rápido e fácil, esquecendo rapidamente as promessas feitas durante as campanhas eleitorais e principalmente que são eleitos para atenderem as necessidades dos cidadãos. Por isso, dizer que não gosta de política não ajuda a mudar a situação. A participação da sociedade é fundamental no combate à corrupção.

A participação de cada um pode acontecer de diferentes formas. Verificar se o candidato tem a "ficha limpa" e não está envolvido em nenhum tipo de crime para votar de maneira consciente é um caminho bastante importante. Associar-se a ONGs, organizar abaixo-assinados contra algum político corrupto, criar um *blog* ou fórum de discussão sobre a corrupção são algumas das iniciativas que podem ser tomadas.

Outra maneira interessante de participar é organizar um grupo de discussão na própria escola, pesquisando os candidatos para a próxima eleição e detectando atos de corrupção na cidade. A indiferença é o maior combustível para a corrupção. Por isso, não deixe que atitudes corruptas dos políticos passem em branco.

CORRUPÇÃO ELEITORAL É CRIME!

Infelizmente, a compra de votos ainda ocorre no Brasil. Os candidatos em campanha negociam bens materiais, favores e promessas de cargo em troca de voto dos eleitores.

São comuns ainda a venda **coletiva** de votos, troca de benefícios para associações, comunidades religiosas, recreativas e esportivas. Essa prática, embora mais usual em cidades menores, também ocorre nos grandes centros urbanos.

É sempre importante lembrar que a compra de votos é **crime**, com penalidade prevista em lei. O voto foi um direito conquistado com muita luta no passado. Portanto, ninguém deve desperdiçar essa ferramenta tão importante para o desenvolvimento da democracia.

CRIANÇAS PARTICIPAM DE MANIFESTAÇÃO PARA APROVAÇÃO DO PROJETO "FICHA LIMPA", INICIATIVA POPULAR QUE EXIGIA QUE OS CANDIDATOS A CARGOS PÚBLICOS FOSSEM ÉTICOS E NÃO TIVESSEM ENVOLVIMENTO COM A CORRUPÇÃO PÚBLICA. OS MANIFESTANTES ENTREGARAM NA CÂMARA PROJETO COM 1,3 MILHÃO DE ASSINATURAS. O PROJETO FOI APROVADO E VIROU LEI EM JUNHO DE 2010.

CARAS-PINTADAS

O poder da juventude faz parte da história do Brasil: na década de 1990, o movimento dos **caras-pintadas** influenciou a política nacional e mudou o rumo da democracia no país.

Depois de comprovadas as diversas denúncias de corrupção que envolviam o então presidente Fernando Collor de Melo, as principais entidade civis do país (entre elas a Ordem dos Advogados do Brasil, a CNBB e a União Nacional dos Estudantes) iniciaram o “Movimento pela Ética na Política”.

Entre agosto e setembro de 1992, milhares de jovens pintaram o rosto com as cores da bandeira nacional e saíram às ruas pedindo o *impeachment* de Fernando Collor. Foi a pressão da sociedade que resultou na instauração de uma CPI para investigar as denúncias feitas pelo próprio irmão do presidente, Pedro Collor de Melo, sobre crimes como enriquecimento ilícito, tráfico de influência e evasão de divisas por Fernando Collor de Melo.

Na medida em que as acusações iam se comprovando, a juventude começou a tomar as ruas em agosto de 1992. A primeira passeata aconteceu diante do Museu de Arte de São Paulo (MASP) e reuniu cerca de 10 mil pessoas. Em resposta a esse movimento popular, Collor pediu, em rede nacional, para que as pessoas saíssem às ruas de verde e amarelo, cores da bandeira nacional, para se pronunciarem contra aqueles que o acusavam.

O que ocorreu foi justamente o contrário: por todo o país pipocaram manifestações de jovens vestidos de preto e com o rosto pintado da mesma cor, como um sinal de luto pela corrupção que vigorava no governo. Incentivados pelo Movimento pela Ética na Política, 400 mil estudantes saíram às ruas em São Paulo. As manifestações se espalharam pelo Brasil.

Aprovado o relatório da CPI, que recomendava a abertura do processo de *impeachment*, 750 mil pessoas saíram às ruas de São Paulo, caminharam até o Vale do Anhangabaú e lá ficaram até pela manhã. Finalmente, a Câmara dos Deputados votou a favor do *impeachment* do então presidente, com transmissão ao vivo: foram 448 deputados a favor, 38 contra, 23 não compareceram à sessão e um se absteve. Em dezembro daquele mesmo ano, o presidente Collor renunciou ao mandado, mas o processo de *impeachment* foi levado adiante, o que o impediu de se candidatar a qualquer cargo público por oito anos. Foi uma vitória da juventude brasileira.

JOVENS DO BRASIL INTEIRO, QUE FICARAM CONHECIDOS COMO CARAS-PINTADAS, EXIGIRAM O *IMPEACHMENT* DE FERNANDO COLLOR EM 1992.

NOTÍCIAS DO PLANALTO

A imprensa cumpre um papel essencial na fiscalização e denúncia da corrupção. O livro *Notícias do Planalto*, de Mário Sérgio Conti, fala sobre a cobertura do caso Collor pela imprensa. Ex-repórter e herdeiro de um grupo de comunicações, Fernando Collor tornou-se conhecido do eleitorado por meio de jornais, revistas e emissoras de televisão – os mesmos órgãos de imprensa que fomentaram o movimento que veio a tirá-lo da presidência.

O livro detalha a relação da imprensa com Fernando Collor e seus aliados, tendo como fio condutor as principais reportagens do período. Conta também como repórteres, fotógrafos, editores e donos de meios de comunicação participaram desse processo de ascensão e de queda do ex-presidente. A leitura da obra mostra que a campanha de Fernando Collor era calcada na "caça aos marajás" e na promoção da autoimagem do candidato, e não em um programa de governo sólido, e ajuda o leitor a entender por que as notícias são ou deixam de ser veiculadas e como funciona a relação entre a imprensa e a política.

Outra obra interessante que trata do assunto é *Morcegos negros*, do jornalista Lucas Figueiredo, obra em que o autor relata como o esquema PC Farias contribuiu para a eleição de Collor.

O LIVRO *NOTÍCIAS DO PLANALTO*, DE MÁRIO SÉRGIO CONTI, DETALHA A RELAÇÃO DA IMPRENSA COM FERNANDO COLLOR E SEUS ALIADOS.

FORA SARNEY: MOBILIZAÇÃO COM TECNOLOGIA E HUMOR

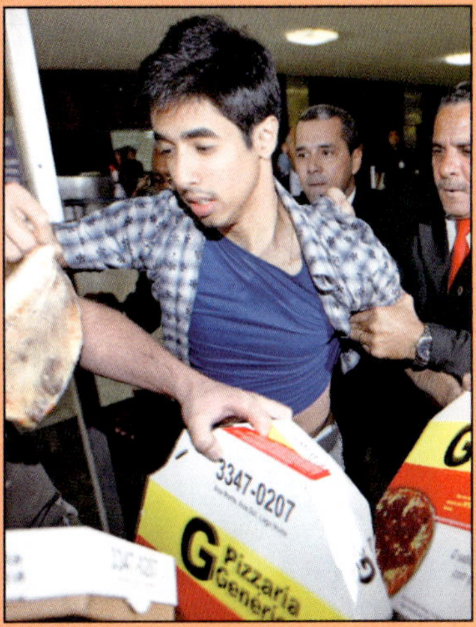

ESTUDANTES LIGADOS AO COLETIVO INDEPENDENTE DE MANIFESTAÇÃO E ATIVISMO (ACIMA) FORAM BARRADOS NO SENADO EM AGOSTO DE 2009 AO TENTAR ENTREGAR ONZE PIZZAS A PAULO DUQUE, PRESIDENTE DO CONSELHO DE ÉTICA, QUE DECIDIU ARQUIVAR ONZE ACUSAÇÕES CONTRA O SENADOR SARNEY.

O ano 2009 foi marcado pelo escândalo envolvendo o então senador José Sarney. Esse episódio teve como diferencial a reação da população que, por meio da tecnologia ou de iniciativas bem-humoradas, se manifestou a favor do afastamento do político. Contando com a força da Internet, foi criado um perfil no microblog Twitter, que movimentou a rede ao pedir que todos os usuários se manifestassem pelo *impeachment* do político. Também com a ajuda da rede mundial de computadores, lançou-se um abaixo-assinado que tinha como objetivo arrecadar 5 mil assinaturas pedindo o afastamento de Sarney.

E fazendo uma brincadeira com a expressão "terminar em pizza", que remete à impunidade, o centro acadêmico XI de agosto, da Faculdade de Direito do Largo São Francisco, em São Paulo, distribuiu pizzas que tinham como cobertura a caricatura de Sarney numa manifestação contra a corrupção e a impunidade. Uma pizzaria de São Paulo também organizou um ato-jantar em protesto contra a impunidade, que recebeu o nome de "Pizzarney". Essas iniciativas mostram que há diversos modos de se manifestar contra a corrupção e que não há desculpa para ficar indiferente ao assunto.

O PAPEL DE ONGS E DA IMPRENSA

Outros agentes que não fazem parte do Estado, mas que são muito importantes na fiscalização da administração e dos agentes públicos, são a imprensa e as Organizações não Governamentais (ONGs).

As ONGs se diferenciam por não terem fins lucrativos e contarem essencialmente com a ajuda de voluntários.

Elas já obtiveram importantes vitórias no âmbito da luta contra a corrupção no Brasil. Por exemplo, a Lei nº 9.840, que prevê a compra de votos como crime, e a Lei da Ficha Limpa, que veta a candidatura de políticos condenados na justiça. Ambas são resultado de campanhas dirigidas pela ONG Movimento de Combate à Corrupção Eleitoral (MCCE).

Essa importante vitória foi produto de uma iniciativa popular em que foi elaborado um abaixo-assinado para colher um milhão de assinaturas. Isso só foi possível graças à participação de sindicatos e paróquias.

A mídia também colaborou por meio da divulgação nos meios de comunicação com o *slogan* "Voto não tem preço, tem consequência". Todo esse movimento não contou com nenhum recurso financeiro de instituições governamentais.

Destacam-se também o papel da Transparência Internacional e da Força-Tarefa Popular. Essas ONGs têm como principal objetivo a luta contra a corrupção. Uma atitude bastante louvável promovida pela Transparência Internacional foi a veiculação em rádios de vinhetas abordando o problema da corrupção.

Os membros dessa organização internacional também elaboraram um livreto didático para orientar o cidadão a detectar e prevenir a corrupção.

Já os integrantes da Força-Tarefa Popular desenvolvem um trabalho preventivo e repressivo, denunciando os crimes cometidos pelos órgãos públicos.

Importante dizer que um dos principais objetivos dessa organização é estimular o cidadão a fiscalizar as contas públicas. Para isso são realizadas aulas de cidadania, manifestações populares e divulgação de casos de corrupção.

Dentre as atividades realizadas por essa ONG merecem destaque as marchas populares, durante as quais os integrantes fiscalizam a forma como é empregado o dinheiro público.

MANIFESTANTES PARTICIPAM DE PROTESTOS EM TERESINA (PI), EM 1º DE MAIO DE 2004, DURANTE A TERCEIRA MARCHA CONTRA A CORRUPÇÃO.

COMO COMBATER A CORRUPÇÃO

Para combater a corrupção é necessário desmistificar o conceito de corrupção e deixar de lado a crença de que o país não tem jeito e que todo político é corrupto.

O primeiro passo é saber que é impossível extinguir totalmente a corrupção; o que podemos fazer é controlá-la. Mas, no longo prazo, existem maneiras de reduzir a corrupção: educação, atuação da sociedade, exigir transparência dos setor público, intensificar o controle dos gastos do governo e **penalizar** os casos comprovadamente corruptos são algumas delas.

Eis alguns procedimentos que auxiliam na prevenção da corrupção:

1. **Menos burocracia**: Devido à alta complexidade, a burocracia tende a ajudar a esconder tramoias.

2. **Punições**: A impunidade incentiva o crescimento da corrupção, pois minimiza a dimensão do ato corrupto.

3. **Transparência**: A divulgação de *rankings* da percepção da corrupção, portais de prestação de contas, pregões eletrônicos, ouvidorias, defensorias públicas, códigos de ética e conduta dos servidores são ferramentas que dão transparência às transações que envolvem o dinheiro público.

4. **Investigação**: Embora muita gente torça o nariz quando surge uma nova CPI (Comissão Parlamentar de Inquérito), elas têm um lado positivo: os atos suspeitos de corrupção estão sendo investigados.

5. **Participação**: A omissão e a indiferença da sociedade civil fomentam a corrupção, pois dão a sensação de que os infratores não estão sendo vigiados. Manter os olhos abertos, cobrar e participar são peças-chave para uma sociedade menos corrupta.

6. **Processos eleitorais mais controlados**: Muitas vezes a corrupção começa já na arrecadação de verbas para a campanha eleitoral, quando muitos candidatos se comprometem com empresários em troca de apoio financeiro. Por isso, um controle rígido do dinheiro que fomenta a campanha é fundamental.

7. **Informação**: Antes de votar, verifique o passado dos candidatos. Discuta com conhecidos, troque informação. Achar que a política não faz parte da sua vida não ajuda a eleger pessoas honestas.

É importante lembrar que a corrupção não deve ser prevenida e punida simplesmente por ser uma apropriação indevida. Ao desviar o dinheiro que deveria chegar à população, os corruptos atrapalham reformas políticas e econômicas. Isso significa que muitos problemas do país, como a quantidade de impostos que pagamos, por exemplo, não são alterados justamente por causa da corrupção.

Nos dias atuais, estima-se que a corrupção custe cerca de R$ 72 bilhões em prejuízos ao Brasil. É mais do que se gasta com educação e quase o mesmo montante destinado à área da saúde. Pense na quantidade de coisas que poderiam ser feitas com esse dinheiro e faça a sua parte na luta contra a corrupção.

O QUE ENTRA E O QUE SAI DOS COFRES DO GOVERNO FEDERAL: ORÇAMENTO 2010

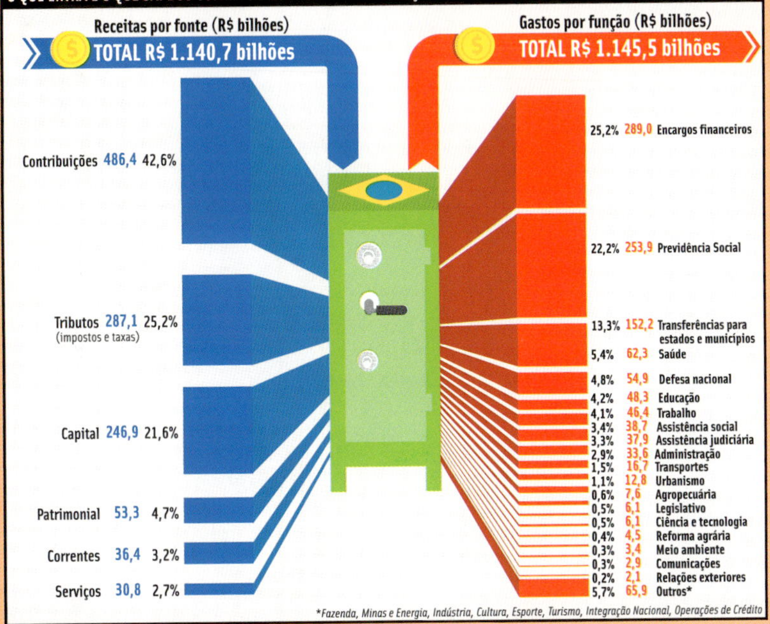

FONTE: MINISTÉRIO DO PLANEJAMENTO/ORÇAMENTO E GESTÃO. *ALMANAQUE ABRIL*.

Índice remissivo

PARA SABER MAIS

Órgãos de combate à corrupção

Tribunal de Contas da União (TCU)
http://portal.tcu.gov.br/inicio/index.htm
É o principal órgão de fiscalização do dinheiro e dos bens públicos. Algumas das competências do TCU são: apreciar as contas anuais do presidente da República; julgar as contas dos administradores e demais responsáveis por dinheiros, bens e valores públicos; fiscalizar a aplicação de recursos da União repassados a estados, ao Distrito Federal e a municípios, dentre outras.

Controladoria Geral da União (CGU)
www.cgu.gov.br
Órgão responsável por assistir ao presidente da República quanto aos assuntos que, no âmbito do poder Executivo, sejam relativos à defesa do patrimônio público e ao incremento da transparência da gestão, por meio das atividades de controle interno, auditoria pública, prevenção e combate à corrupção.

O que você tem a ver com a corrupção?
https://www.mpsc.mp.br/campanhas/o-que-voce-tem-a-ver-com-a-corrupcao
Site da campanha promovida pela Associação Nacional dos Membros do Ministério Público (Conamp) e pelo Conselho Nacional dos Procuradores-Gerais do Ministério Público dos Estados e da União (CNPG). O objetivo da campanha é conscientizar especialmente crianças e adolescentes sobre os males da corrupção.

Portal da transparência
www.portaltransparencia.gov.br
Lançado em novembro de 2004, é um canal pelo qual o cidadão pode acompanhar a execução financeira dos programas de governo, em âmbito federal.

Ministério Público do Brasil: www.mpu.gov.br
Instituição permanente, composta por dois ramos: o Ministério Público da União e os Ministérios Públicos dos Estados. Tem desempenhado papel fundamental no combate aos abusos de políticos eleitos.

Transparência Internacional (TI)
www.transparency.org
É uma organização não governamental que tem como principal objetivo a luta contra a corrupção. Foi fundada em março de 1993 e encontra-se sediada em Berlim. Em inglês.

Transparência Internacional Latinoamericana e do Caribe (TILAC) https://www.transparency.org/country/DOM
É uma rede de combate à corrupção, composta de organizações aliadas à Transparência Internacional na América Central e República Dominicana. Em espanhol.

Articulação Brasileira contra a Corrupção e a Impunidade (ABRACCI)
É uma rede de entidades e organizações da sociedade brasileira, que tem por objetivo contribuir para uma cultura de superação da corrupção e contra a impunidade.

CRÉDITOS DAS IMAGENS

Legenda
a - no alto
b - abaixo
c - no centro
d - à direita
e - à esquerda

8a: Diego Padgurschi/Folha Imagem
13a: Mauricio Fuertes/Image Source
26b: Angeli/Acervo do artista
27a: Sérgio Lima/Folha Imagem
28c: Agência O Globo
29: Erich Lessing/Album/Latinstock
30a: Ana Carolina Fernandes/Folha Imagem
30b: Andrew Cooper/Dreamworks
31d: Daniel Cymbalista/Pulsar Imagens
31e: Fac-símile/Arquivo da editora
34: www.multiart.at
37a: Fac-símile/Ministério do Desenvolvimento
38: Alfredo Franco/Editora Abril
46: Lia Lubambo/Editora Abril
50a: Associated Press
50b: Angelo Scipioni/Associated Press
51: Tony Karumba/Agence France-Presse
52a: Martin Bureau/Agence France-Presse
53b: Juan Carlos Caceres/Associated Press
54: Tomas Bravo/Reuters/Latinstock
55a: Ana Carolina Fernandes/Folha Imagem
55b: Agência O Globo
57: Nellie Solitrenick/Editora Abril
69: Ann Ronan Picture Library/Image Forum
70: Fac-símile/Portal da Transparência
78: © Storni/Revista Careta/Biblioteca Nacional, Rio de Janeiro
79: Acervo UH/Folha Imagem
80: Chico Nelson/Editora Abril
81: Almanaque Abril 2010
82a: Sidney Corralo/Agência Estado
82b: Mario Rodrigues/Editora Abril
83: Antonio Augusto Fontes/Editora Abril
84: Vidal Cavalcante/Agência Estado
85: Tim Sloan/Agence France-Presse
89a: Otávio Magalhães/Agência Estado
89b: Museo Che Guevara
105: Alan Marques/Folha Imagem
106: Eder Chiodetto/Folha Imagem
107a: Companhia das Letras
107b: Sérgio Lima/Folha Imagem
108: Benonias Cardoso/Folhapress
109: Ministério do Planejamento/Orçamento e Gestão

Quem são os autores?

arquivo pessoal

Maria Fernanda Soares Leite

Ivan Jaf nasceu em 1957, na cidade do Rio de Janeiro. Estudou Comunicação e Filosofia na década de 1970 na UFRJ, passou alguns anos viajando pela Europa e América Latina e atualmente mora em Santa Teresa, um bairro do Rio de Janeiro. Tem mais de 50 livros publicados, algumas peças de teatro encenadas e já recebeu muitos prêmios. Seu currículo conta ainda com roteiros para cinema e histórias em quadrinhos.

Antes de escrever, Ivan faz muitas pesquisas, e com a história de Mila não foi diferente. O autor explica por que acha importante escrever um livro sobre corrupção:

"O combate à corrupção é a única atividade em que o sujeito pode ser radical e intolerante. É, portanto, um bom espaço para a juventude extravasar sua insatisfação com o mundo. A corrupção na política é um crime hediondo e as pessoas que o cometem devem sofrer as consequências disso, inclusive as que não o praticam, mas se aproveitam dele, como os parentes próximos".

A paulistana ***Rita de Cássia Biason*** é cientista política e doutora em História Social pela Universidade de São Paulo (USP). Há anos dedica-se ao estudo da corrupção, seus mecanismos de controle e seu impacto na sociedade. É professora na Universidade Estadual Paulista Júlio de Mesquita Filho (Unesp), em Franca. Neste livro, Rita enfrentou o desafio de tratar de um tema complexo: os mecanismos da corrupção e os problemas sociais decorrentes dessas práticas ilícitas. Para ela, "o Brasil tem boa disposição para o combate à corrupção. A questão é que o controle dessa prática não passa pela boa vontade. O emaranhado político é muito complexo e às vezes privilegia os interesses privados em detrimento dos públicos. Portanto, é preciso punir os corruptos e assim eliminar a 'sensação' de impunidade que ecoa na sociedade. Para isso temos que conscientizar as pessoas da necessidade de escolher bem os políticos e cobrar deles uma posição ética e responsável".